SOLDADO SILVA

A jornada de um brasileiro
na Segunda Guerra Mundial

— ✵ —

JOÃO BARONE

© João Barone

Diretor editorial
Marcelo Duarte

Diretora comercial
Patth Pachas

Diretora de projetos especiais
Tatiana Fulas

Coordenadora editorial
Vanessa Sayuri Sawada

Assistentes editoriais
Camila Martins
Henrique Torres

Projeto gráfico, diagramação e capa
Estúdio Insólito

Fotos
Ana Carolina Fernandes

Colorização da foto de capa
Marina Amaral

Tratamento de imagens
Humberto Cesar / Casa 2 Imagem
Caco Bressane

Preparação
Cristian Clemente

Revisão
Beatriz de Freitas Moreira

Impressão
Corprint

Nota: as fotos em que o soldado Silva aparece na Itália provavelmente foram feitas por algum de seus amigos de pelotão que figuram nas outras fotos.

CIP-BRASIL. CATALOGAÇÃO NA PUBLICAÇÃO
SINDICATO NACIONAL DOS EDITORES DE LIVROS, RJ

B244s
Barone, João
Soldado Silva: a jornada de um brasileiro na Segunda Guerra Mundial / João Barone. – 1. ed. – São Paulo: Livros de Guerra, 2022. 128 pp. il.

ISBN 978-65-87488-02-8

1. Silva, João. 2. Militares – Biografia – Brasil. 3. Guerra Mundial, 1939-1945. I. Título.

22-79330
CDD: 929.50981
CDU: 929:355.11(81)

Bibliotecária: Gabriela Faray Ferreira Lopes – CRB-7/6643

2022
Todos os direitos reservados à Livros de Guerra.
Um selo da Editora Original Ltda.
Rua Henrique Schaumann, 286, cj. 41
05413-010 – São Paulo – SP
Tel./Fax: (11) 3088-8444
edoriginal@pandabooks.com.br
www.pandabooks.com.br
Visite nosso Facebook, Instagram e Twitter.

Nenhuma parte desta publicação poderá ser reproduzida por qualquer meio ou forma sem a prévia autorização da Editora Original Ltda. A violação dos direitos autorais é crime estabelecido na Lei nº 9.610/98 e punido pelo artigo 184 do Código Penal.

Dedicado à minha esposa Janete, aos meus filhos Clara, Laura e Vicente, a meu neto Luca, a meus irmãos e irmã, e em especial à bisavó Elisa, que viveu intensamente toda esta história. Agradeço a vocês pela inspiração, amor e paciência de sempre com mais este trabalho.

CONTRA QUEM E POR QUE LUTAMOS

NO MOMENTO EM que escrevo este prefácio, estamos a ponto de completar cem anos da chegada do fascismo ao poder com Benito Mussolini e sua "Marcha sobre Roma" na Itália, isto é, o cenário das batalhas travadas pelos pracinhas contra esse movimento totalitário. O Duce foi o inspirador ideológico e estético de ditadores que vieram na sequência na Europa das décadas de 1920 e 1930.

Já completamos 89 anos da chegada do nazismo ao poder, quando Adolf Hitler se tornou *Reichskanzler*. Além disso, passaram-se 83 anos da invasão à Polônia, iniciando a Segunda Guerra Mundial. E também oitenta anos desde que o Brasil declarou guerra à Alemanha nazista e à Itália fascista.

João Barone sustenta neste livro que os pracinhas que combateram as tropas de Hitler e Mussolini "lutaram unidos pelo nobre ideal de um mundo mais justo e democrático, contra o inimigo e sua repugnante causa totalitária". No entanto, apesar de todo esse longo tempo transcorrido, ocorrem no mundo e também no próprio Brasil assustadoras reciclagens dos slogans nazifascistas que nossos praças combateram.

A toponímia brasileira é superavitária em nomes que evocam a Guerra do Paraguai, isto é, o conflito bélico da Tríplice Aliança (Argentina, Brasil e Uruguai) contra o Paraguai. Grandes avenidas, ruas, bairros e pontes, dentre outros marcos da geografia do Brasil, foram batizados com nomes de batalhas ou de generais e almirantes dessa guerra – como Duque de Caxias (quase quatrocentos casos de ruas e avenidas em todo o país), General Osório, Humaitá, Riachuelo e Tuiuti.

Porém, todos eles são nomes relativos a uma guerra que implicou o genocídio dos paraguaios, a destruição de um pequeno país, um conflito bélico de péssima fama no resto da região e no mundo.

Na contramão, a Segunda Guerra Mundial foi a guerra para salvar o planeta das hordas genocidas, racistas, obscurantistas e fanaticamente anticosmopolitas do nazifascismo. O Brasil participou do lado que lutava contra essa barbárie. Mas o número de ruas, praças e avenidas que evocam as batalhas travadas pela Força Expedicionária Brasileira (FEB) na Itália é exíguo. Somos deficitários em ruas Monte Castello, avenidas Porretta Terme, praças Castelnuovo e pontes Montese.

O escritor argentino Jorge Luis Borges dizia: "algumas pessoas se vangloriam dos livros que escreveram. Eu me vanglorio dos livros que li". Este novo livro de Barone entra para a plêiade desses que pude ler. A vida íntima de um soldado em meio à guerra. A micro-História estampada nas fotos clicadas pelo praça número 1.929, João Silva.

"Fomos lutar para que nada parecido aconteça novamente", dizia o soldado João a seus filhos, quando lhes contava sobre a guerra do outro lado do oceano Atlântico. Este livro tem a missão de recordar aqueles valentes e intrépidos 25 mil brasileiros. Mas também tem uma missão paralela: a de nos fazer recordar que o "ovo da serpente" continua em alguns ninhos pelo mundo, inclusive no Brasil. E por isso é preciso continuar lutando para que nada parecido aconteça novamente.

Ariel Palacios

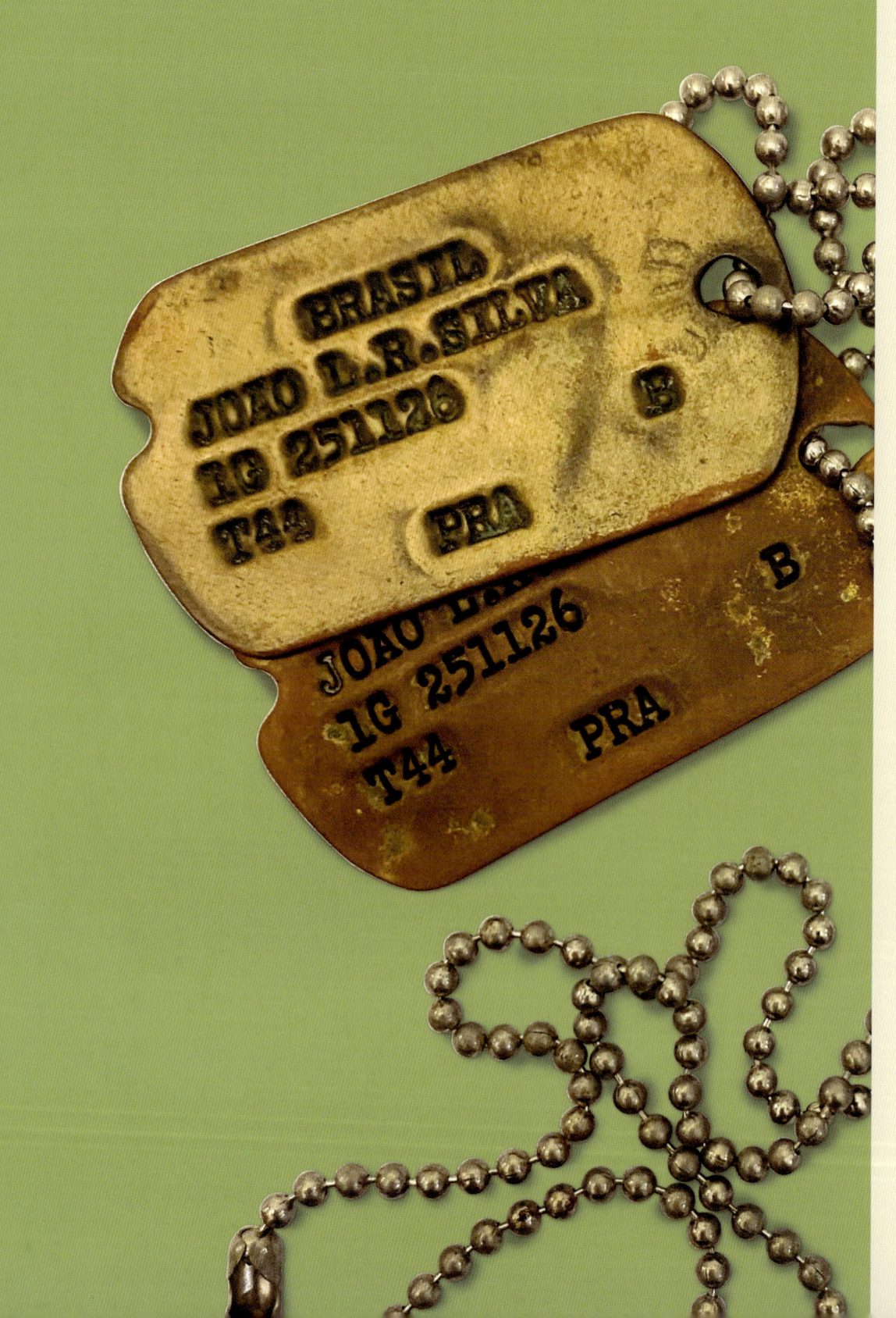

SUMÁRIO

9   PRELÚDIO

—

13   O CONFLITO MAIS REGISTRADO DA HISTÓRIA

17   A JORNADA DO SOLDADO SILVA

35   ENTRADA EM SERVIÇO

53   O MELHOR PRESENTE DE NATAL ERA ESTAR VIVO

65   ACABOU A GUERRA. E AGORA?

83   VIDA QUE SEGUE

—

95   MEMORABILIA SENTIMENTAL

—

124   POR TRÁS DAS FOTOS

126   AGRADECIMENTOS

127   REFERÊNCIAS BIBLIOGRÁFICAS

PRELÚDIO

A LEMBRANÇA DA participação do meu pai como soldado nas fileiras da Força Expedicionária Brasileira durante a Segunda Guerra Mundial ocupa um enorme espaço sentimental em nossa família. Para mim em particular, virou uma verdadeira obsessão. Ainda guardo na memória as poucas vezes em que conversamos sobre suas experiências em combate, quando geralmente resumia seus relatos com o máximo de objetividade, sem floreios ou episódios de ação e heroísmo: "Fomos lá cumprir nosso dever e pronto, mas muitos não voltaram para casa"; "Se eu matei alguém? Claro que não! Era só dar uns tiros para o alto e os alemães já vinham se rendendo...". Meu pai muitas vezes redirecionava a conversa contando sobre a sorte que teve ao poder visitar alguns lugares históricos – como a Torre de Pisa, Florença, Roma e o Vaticano –, ver a neve branca do inverno rigoroso nas montanhas do norte da Itália, ou testemunhar a imensidão dos mares durante as viagens de ida e volta à Europa num navio.

Essas conversas ocorriam enquanto meus irmãos e eu segurávamos algumas das coisas que nosso pai trouxe de volta da guerra. Dentre os objetos que sobraram como prova de sua incrível jornada estavam alguns equipamentos pessoais, como o capacete de aço, cintos, uma faca de trincheira, um cantil e suas plaquetas metálicas de identificação pessoal, que traziam seu nome e muitos números. Algumas peças de seu antigo uniforme, de tão velhas e desbotadas, foram dadas como roupa de trabalho para o jardineiro que cortava a grama e podava as árvores do nosso quintal. Do reduzido acervo de memórias da guerra, uma das coisas que mais nos chamava a atenção era um grande álbum de fotografias, muitas delas que ele mesmo tirou com uma câmera adquirida assim que a guerra terminou. Eram retratos dele e de seus irmãos de armas em alguns cenários muito conhecidos, como o Coliseu, a Praça de São Marcos e as ruínas do Senado Romano. Por entre as páginas também estavam alguns cartões-postais turísticos de Roma e vários panfletos de propaganda aliada, nos quais se destacava um aterrorizante livreto mostrando na capa um dos mais convincentes motivos para a luta das nações contra o nazifascismo: uma compilação de imagens estarrecedoras dos campos de extermínio onde aconteceram os horrores do que ficou conhecido como Holocausto.

Ao tentar nos explicar o porquê daquelas fotos de mortos-vivos e enormes pilhas de cadáveres, meu pai disse, lacônico: "Fomos lutar para que nada parecido aconteça novamente". Foi assim que eu e meus irmãos criamos uma imagem quase heroica do nosso pai, mas ao mesmo tempo suspeitávamos que ele preferia não contar exatamente tudo o que viveu na guerra.

O tempo passou, e agora essas imagens e lembranças ganharam um contorno mais importante, no momento em que desaparecem as últimas testemunhas em primeira pessoa do que aconteceu no Brasil e no mundo oitenta anos atrás, durante a Segunda Guerra Mundial. As singelas fotos tiradas por meu pai simbolizam um pouco da história de cada um dos mais de 25 mil soldados brasileiros que lutaram unidos pelo nobre ideal de um mundo mais justo e democrático, contra o inimigo e sua repugnante causa totalitária. Manter vivas essas lembranças é uma forma de eternizar o sacrifício tanto dos que tombaram em combate como dos que voltaram para casa depois da missão cumprida. Cabe a nós perpetuá-la.

As imagens compiladas neste livro contam um pouco da história de um brasileiro antes, durante e depois da Segunda Guerra Mundial, e são complementadas por um texto resumido sobre esse personagem, suas origens, seu cotidiano, sua trajetória de vida, sua experiência em combate, numa breve narrativa construída sobre os relatos pessoais que filhos e parentes ouviram, além de algumas referências bibliográficas e de um documento importante obtido no Regimento Sampaio, sua unidade militar: a Ficha de Alterações – um registro guardado em arquivo que mostra todo o histórico do soldado, desde seu ingresso até o desligamento da unidade –, que me foi gentilmente cedida pelo próprio comandante desse regimento, no Rio de Janeiro.

Essa linha do tempo configurada pelas imagens e por uma crônica em forma de legenda buscam transmitir para os dias de hoje um pouco do real significado dessa epopeia realizada pelos brasileiros daqueles tempos, jovens de todos os matizes sociais, plenos de ideais e submetidos às vicissitudes de um mundo imerso num conflito global, que cumpriram seu dever e deixaram seu legado para a posteridade. O praça 1.929, João Silva, foi um deles.

O CONFLITO MAIS REGISTRADO DA HISTÓRIA

EXISTE O CONSENSO de que a Segunda Guerra Mundial foi o conflito mais fotografado da história. A evolução dos meios de comunicação e a importância da mobilização geral das populações na luta fizeram com que muitas imagens estampadas em jornais e revistas, ou mostradas nos cinemas, transmitissem todo o horror perpetrado por seus protagonistas – pessoas, máquinas, líderes políticos, militares e civis – por toda parte: terra, mares e céu, cidades e campos, desertos, neve, praias, planícies, colinas e montanhas. Esse conflito global deixou um rastro de destruição e morte sem par na história universal. Imagens fotográficas marcantes vindas de todos os cantos do planeta atestam os suplícios que o mundo sofreu durante seis angustiantes anos de guerra.

Um lugar-comum entre os combatentes de ambos os lados da contenda era carregar consigo fotografias da namorada, da esposa, dos filhos e familiares; era uma forma de estar perto deles, mesmo no longínquo campo de batalha. São muitos os relatos de soldados que, ao render um inimigo, logo encontravam fotos guardadas entre os pertences do prisioneiro. As aflições, as lembranças e os medos dos combatentes eram os mesmos em todas as trincheiras.

A importância da fotografia durante a guerra ia muito além da estratégia de inteligência no planejamento de operações, da propaganda ideológica e da informação jornalística. Para um soldado no *front*, uma simples foto conservava um forte valor sentimental em meio à barbárie, funcionando como um poderoso antídoto para a tristeza e a saudade.

Entre o inevitável matar ou morrer dos combatentes, inúmeras fotos se perderam para sempre. Suas histórias se apagaram, foram brutalmente interrompidas, desprovidas de significado, o que é mais um exemplo de como a guerra alterou tantas vidas em sua desumanidade. Aqui estão algumas imagens que sobreviveram para contar uma história.

Amigos posam sobre um tanque alemão StuG III destruído, recoberto por uma massa conhecida como *zimmerit*, usada para evitar a detonação de minas magnéticas.

A JORNADA DO SOLDADO SILVA

ESTA JORNADA COMEÇA com uma câmera que enquadra um brasileiro um pouco fora das estatísticas da maioria da população no começo do conturbado século XX. Nascido em 4 de março de 1918, na cidade de Foz do Iguaçu, Paraná, João de Lavor Reis e Silva era filho do funcionário público João Evangelista Reis e Silva e de Alda de Lavor Reis e Silva, ambos pernambucanos que se conheceram e se casaram em Manaus, durante os áureos tempos do ciclo da borracha. João, o pai, trabalhava como fiscal de fronteiras, enquanto Alda se dedicava à criação dos filhos e às tarefas de casa. O caçula da família era chamado pelos parentes e amigos de Silvinha, em contraponto ao pai. Seus irmãos mais velhos, Rui e Arethusa, nasceram em Manaus, e Lourdes nasceu depois de a família se mudar para o novo posto em Foz do Iguaçu.

A família tinha um padrão de vida bem confortável: os irmãos frequentaram boas escolas e em casa tiveram aulas com um rigoroso professor de violino, que por pouco não extinguiu o gosto pela música do aluno mais novo, o Silvinha. O mundo perdeu um violinista, mas ganhou um entusiasmado candidato a violeiro, sempre ávido por aprender a tocar no violão as canções mais populares que ouvia nas rádios, nas festas ou na vitrola de casa.

Os irmãos reunidos: Lourdes (esq.), Rui, João e Arethusa, Foz do Iguaçu, 1925.

O pai João Evangelista, a mãe Alda e a irmã Arethusa, Foz do Iguaçu, 1931.

Silvinha com uniforme do Colégio Pedro II, 1931.

A irmã Lourdes e o Silvinha com uniforme do Colégio Pedro II, 1931.

A casa da família Reis e Silva era ampla, típica daquele ambiente rural e de suas atividades, como passeios a cavalo, caça, pesca e o clube campestre local, onde o Silvinha jogava futebol e, principalmente, tênis. Na sua adolescência, julgava uma das coisas mais prazerosas mergulhar nas piscinas naturais e banhar-se nas cachoeiras nos arredores do Salto de Sete Quedas, lendário conjunto de quedas d'água do rio Paraná (beleza natural que desapareceu depois da construção da hidrelétrica de Itaipu na década de 1970).

O Silvinha era um dos mais animados da turma de amigos que promovia saraus e serestas, ora no salão do clube, ora nas casas de família. Quando se aventurava ao violão, cantava em coro com os amigos as conhecidas toadas e guarânias paraguaias, ou os animados sambas e marchinhas dos grandes intérpretes da época, como Francisco Alves, Orlando Silva e Silvio Caldas.

Em 1931, o Silvinha foi enviado ao Rio de Janeiro, para estudar no Colégio Pedro II. Entre idas e vindas para Foz do Iguaçu, concluiu seus estudos de técnico em contabilidade, até que seu pai se mudou para a capital federal, indo residir no bairro da Tijuca.

A família fez-se sócia do Tijuca Tênis Clube, e o jovem continuou jogando o "nobre esporte branco", como chamavam o tênis na época. Foi então que o Silvinha resolveu prestar concurso público, sendo aprovado para assumir como "postalista" numa repartição dos Correios e Telégrafos em São Paulo, capital.

Os anos de crescimento de Silvinha coincidiram com alguns dos grandes acontecimentos políticos e sociais do Brasil e do mundo, como a Coluna Prestes em 1925, a Grande Depressão de 1929, a Revolução de 1930 e a Revolução Constitucionalista de 1932, a ascensão do nazismo na Alemanha em 1933, a Intentona Comunista de 1935, a Guerra Civil Espanhola em 1936, a imposição do Estado Novo em 1937, a Intentona Integralista em 1938, a eclosão da Segunda Guerra Mundial em 1939 e a entrada do Brasil na guerra, em agosto de 1942.

O conflito mundial já durava três anos e ocupava toda a atenção da grande imprensa nos jornais, nas rádios e nas telas de cinema. Alguns filmes sobre o tema se tornaram clássicos, como O grande ditador, com Charles Chaplin, *Sargento York*, com Gary Cooper, *Tigres voadores*, com John Wayne, e *Casablanca*, com Humphrey Bogart. Houve ainda muitos outros, estrelados por Carmen Miranda e os grandes galãs e estrelas de Hollywood do começo da década de 1940, como Tyrone Power, Clark Gable, Veronica Lake, Betty Grable... Além dos dramas ambientados no conflito, a guerra de verdade era apresentada nos cinemas em filmes jornalísticos que passavam antes das sessões, mostrando as vitórias iniciais dos nazistas com sua guerra-relâmpago e a posterior mobilização aliada em todas as frentes de combate. Numa prévia do que seriam os telejornais na televisão, todos saíam dos cinemas comentando as ousadas ações dos nazistas e os heroicos esforços dos Aliados no combate ao expansionismo das potências do Eixo.

No Brasil, o Departamento de Imprensa e Propaganda promovia o governo Vargas e também produzia filmes alusivos às políticas empreendidas pelo então ditador brasileiro, que comandava o país de maneira muito similar aos regimes de extrema direita combatidos na Europa: extinguiu os partidos políticos, censurou a imprensa e perseguiu seus opositores. Ardiloso, o "líder" nacional tentava tirar proveito do comércio com alemães e norte-americanos enquanto a guerra permitisse. Aos poucos, a neutralidade do Brasil no conflito foi dando lugar a um claro alinhamento com os Estados Unidos, depois que os japoneses atacaram a base naval norte-americana no Havaí, em Pearl Harbor, em dezembro de 1941, resultando na entrada dos norte-americanos na guerra, passando pelo rompimento de relações diplomáticas (quase um estado de beligerância) com os países do Eixo (Alemanha, Itália e Japão), em janeiro de 1942. Foi esse quadro que levou aos torpedeamentos de nossos navios, com centenas de mortes de inocentes, resultando na declaração formal brasileira de guerra ao Eixo, em agosto do mesmo ano. As chamas do conflito global chegavam de vez aos brasileiros...

Quando João foi morar em São Paulo no fim de 1943, o apelido Silvinha já não era mais tão usado, ficando restrito aos familiares. Recém-chegado, João começou um círculo de amizades na nova cidade e passou a frequentar eventos sociais.

João com sua irmã Lourdes e uma amiga em Guaíra, 1933.

Os jovens em uma caçada sob orientação de um mateiro.

De canoa pelo rio Paraná, em Guaíra.

João, o irmão Rui e dois amigos nas Sete Quedas, 1937.

João e seus amigos num animado sarau campestre, Foz do Iguaçu, 1938.

As viagens de João entre Foz do Iguaçu e o Rio de Janeiro eram feitas num barco a vapor, 1938.

Em um deles, conheceu Elisa Barone, uma jovem que participava com frequência de bailes e jantares dançantes organizados por amigos em comum. Era uma época romântica, em que as regras sociais funcionavam bem, do guarda-roupa até as habilidades na dança de salão. O paranaense, agora carioca em terras paulistas, cuidava bem de sua aparência, usando cabelos penteados com gomalina, fino bigode *à la* Clark Gable, ternos bem cortados e um indefectível sapato bicolor.

Desde que se viram pela primeira vez, houve uma atração mútua entre João e Elisa, uma das senhoritas mais belas daquela turma, muito cortejada e cheia de pretendentes. Nascida em 1924, seu pai era Sebastião Barone – imigrante italiano vindo de Baronissi, cidade vizinha a Salerno, mais um da numerosa colônia que se estabeleceu em São Paulo, onde tinha uma modesta fábrica de sapatos que atendia principalmente o mercado escolar. A mãe era Emilia Orsi, que adotou o sobrenome do marido, muito dedicada à criação dos cinco filhos. Elisa, a penúltima deles, estudou na Escola Alemã, pois sua mãe e sua avó eram descendentes da comunidade germânica que chegou ao Brasil nos tempos de d. Pedro II. Nessa época, começou a trabalhar com a irmã mais velha, Nicolina, exímia costureira que atendia uma grande clientela que frequentava a loja do pai.

Passaram-se os meses, João se aproximou de Elisa e aos poucos ganhou a confiança dos pais e irmãos dela. O namoro no portão evoluiu para passeios ao redor do quarteirão da casa que ficava na área central de São Paulo, perto da igreja da Consolação, com suas praças e calçadas movimentadas pelos moradores de um bairro ainda residencial. Foi assim até o momento em que João recebeu o privilégio de sentar-se à mesa em eventuais almoços e jantares da família.

Enquanto os dias se passavam naquela grande cidade brasileira, a guerra ainda nem parecia assim tão perto, apesar de algum racionamento de gasolina, da carestia dos gêneros de primeira necessidade, como pão e feijão, e das campanhas para arrecadar metais em prol do esforço de guerra.

No final de 1943, toda a opinião pública comentava sobre a demora na mobilização de uma força militar apta para cumprir ações no conflito mundial, como

João com o time de futebol do clube em Foz do Iguaçu, 1936.

O tênis era o esporte favorito de João, como se vê nestas fotos de 1936 e 1938.

era de se esperar devido ao estado de beligerância do Brasil. Certamente, era uma consequência das muitas dificuldades estruturais existentes no país. Precisou acontecer o encontro quase informal entre o presidente Vargas e o presidente norte-americano Roosevelt, na Base Aérea de Natal, em Parnamirim, Rio Grande do Norte, em janeiro de 1943, para que ficasse oficialmente definido que o Brasil mandaria tropas para lutar no conflito. Ainda assim, a Força Expedicionária Brasileira passou a existir somente depois de um decreto publicado em 13 de agosto de 1943, quase um ano depois da declaração formal de guerra ao Eixo. Quando e onde os brasileiros iriam lutar – ou mesmo se iriam lutar – ninguém ainda sabia dizer ao certo naquela altura dos acontecimentos.

Numa noite como outra qualquer, na pensão onde morava, João conversava com seus amigos na hora do jantar sobre o fato de vários deles já terem recebido o fatídico telegrama de convocação para o Exército. Os alistamentos voluntários não foram suficientes para atingir a meta de homens necessários para aumentar as Forças Armadas: houve o cancelamento das dispensas dos que já estavam servindo e os reservistas foram convocados para engrossar o contingente.

João ainda não havia recebido o tal telegrama, o que alimentava uma esperança de que não seria convocado, talvez pela sua posição como funcionário público, ou mesmo pela sua idade, 24 anos, um pouco acima da média das convocações. Pois foi nesse exato momento da conversa com os amigos que a dona da pensão adentrou a sala de jantar para entregar um telegrama que havia chegado mais cedo, endereçado a João Silva. Era sua convocação. Mesmo recém-chegado à capital paulista, o telegrama foi encontrá-lo na pensão onde morava, talvez em consequência de seus registros como funcionário público. Como o endereço que constava no seu certificado de reservista ainda era o de seus pais, no Rio de Janeiro, João teria que se apresentar na então capital federal.

Os ventos da guerra mudaram a direção de seus planos. Ele teve que abandonar seu emprego em São Paulo, sua nova moradia e, mais que tudo, seu novo amor. Num ímpeto, achou melhor "desmanchar o namoro" com Elisa, já que não podia fazer planos muito certeiros sobre o futuro que se anunciava. Seriam meses, um ano ou mais tempo de conscrição, o alistamento militar? Conseguiria o Brasil enviar tropas para lutar em algum cenário do conflito? E, ainda por cima, vinha aquela pergunta terrivelmente perturbadora que já estava na cabeça de todos os convocados: "Se eu for para a guerra, voltarei?". Sorte mesmo teve seu irmão Rui, que, devido à sua condição cardíaca, não foi convocado.

Apesar do doloroso adeus, João e Elisa combinaram trocar cartas, e a moça prometeu esperar o retorno dele. É de se imaginar quantas outras histórias de amor como essa também foram interrompidas pela guerra, o que certamente justificava o grito indignado de toda aquela geração: "Maldito seja Adolf Hitler!".

Em 1943, João se mudou para São Paulo, onde começou a trabalhar como funcionário nos Correios e Telégrafos.

Em 1943, Elisa Barone conheceu João em São Paulo, por meio de amigos em comum.

ENTRADA EM SERVIÇO

DE VOLTA AO RIO, em janeiro de 1944, João se apresentou na Vila Militar para avaliação física, onde foi declarado apto para servir e recebeu seu número de identificação: soldado 1.929. Ao contrário de muitos que não desejavam servir, João não forjou nenhuma doença física ou mental, nem arrancou dentes para ser reprovado nos exames de aptidão. Seu pai também não tinha nenhum "pistolão" na política para retirá-lo da fila para servir, como muitos outros casos ocorridos na época. Só restava a João aceitar o fato com resignação e tentar cumprir da melhor forma sua missão de soldado.

Inicialmente, a rotina no quartel obedecia ao treinamento diário em dois turnos e os recrutas podiam retornar para casa à noite. Por causa de uma falta num dia de treino, consta na Ficha de Alterações que João foi punido com dez dias de reclusão, mas a pena foi comutada por bom comportamento e ele pôde retornar para casa. Em abril, todos os reservistas receberam ordens para ficar conscritos naquela unidade. Dali em diante, ninguém podia mais sair do quartel.

Com o passar dos meses e a intensificação dos treinos, o contato com seus familiares e amigos era feito apenas pelo telefone público. João achava que seria encaminhado para serviços burocráticos, já que sabia "bater máquina", além de ter um conhecimento básico de inglês, mas não foi o caso. Passava por todo o treinamento físico, com as marchas e manobras constantemente realizadas nos

Na Vila Militar, Rio de Janeiro, 1944, João e alguns amigos durante os meses que precederam o embarque para a Itália.

campos da região, nas matas e pastagens das antigas fazendas da zona Oeste da capital federal, subindo e descendo incontáveis vezes o morro do Capistrano, marchando sob sol ou chuva, dia e noite. Recebeu as vacinas exigidas de toda a tropa: contra a varíola e contra as febres tifoide e amarela. João se saiu bem nos treinos de tiro, uma vez que já tinha certa experiência com armas de fogo, trazida dos seus tempos de caçadas em Foz do Iguaçu. Com seu inglês básico, em algumas ocasiões chegou a ajudar os militares norte-americanos na interlocução com os soldados brasileiros durante os treinamentos.

Aos poucos, foi-se reunindo um enorme contingente de homens vindos de todas as partes do Brasil amontoando-se nos alojamentos existentes nos quartéis, que logo não comportaram o grande número de convocados, de modo que muitos se instalaram em precários barracões de tábuas construídos às pressas como alojamentos adicionais. Depois dos treinamentos e instruções, os homens conviviam nos refeitórios, onde nuvens de moscas pairavam sobre a comida na hora do rancho. As instalações "sanitárias" eram no mínimo insalubres, pois não davam vazão ao grande número de usuários. Nesse primeiro momento, com tanta gente reunida, muitas vezes era fácil alguém pular os muros ou mesmo sair andando pelo portão do quartel e ninguém dar pela falta do "licenciado" (essa escapada ficou conhecida entre os soldados pela enigmática expressão "pegar uma tocha"). Em breve, haveria um rigor maior no controle da tropa.

As notícias sobre a guerra estavam em todos os jornais e rádios. Naquele mês de junho, causaram grande impacto as manchetes da libertação de Roma, primeira capital europeia livre dos nazistas. Na sequência, outro acontecimento marcante chocou o mundo: um gigantesco contingente aliado desembarcara no litoral da Normandia, na França, abrindo a tão aguardada frente ocidental. Desde 1943 as tropas aliadas subiam do norte da África até a Itália, no chamado Teatro de Operações do Mediterrâneo, onde os alemães freavam o avanço aliado de forma tenaz. Com os russos avançando pelo Leste Europeu, tudo indicava que a guerra estava entrando em seus capítulos finais. Alguns até arriscavam um palpite de que as tropas brasileiras nem sequer seriam despachadas para o *front* antes de a guerra terminar.

Ainda assim, os treinos para o embarque das tropas brasileiras na estação de trem da Vila Militar continuavam, muitas vezes realizados à noite. Sempre eram anunciados como verdadeiros, saindo rumo ao porto, cada soldado levando seu equipamento completo, para depois o trem retornar com todo mundo ao quartel. Essa rotina gerava um misto de chateação e alívio nos soldados, já que não embarcavam de verdade. Havia também uma tentativa de manter em segredo a data de embarque real, mas parecia que nem mesmo o alto-comando brasileiro tinha certeza dela. Finalmente, no dia 2 de julho, houve o primeiro embarque de verdade saindo da Vila Militar, e no dia 5 do mesmo mês zarpou o 1º escalão da FEB rumo ao *front*, com cerca de 5.100 homens. Ficou evidente que os brasileiros iriam participar mesmo daquela guerra em terras distantes.

Em pouco tempo, todos souberam que as tropas brasileiras rumavam em direção à Itália, para o Teatro de Operações do Mediterrâneo, local em que a guerra consumia grandes esforços dos exércitos aliados que mantinham ocupadas inúmeras divisões nazistas. O destino da FEB seria a Itália, onde as tropas aliadas tentavam debelar os alemães desde 1943, ao custo de milhares de baixas. Enquanto isso, lendo um jornal e outro, os dias se passavam em sua inalterável rotina. Mesmo preocupado com os acontecimentos, João procurava aceitar seu destino com resignação e se perguntava quando seria o próximo embarque ou mesmo se ele ainda iria acontecer...

Apesar da saída de mais de 5 mil homens, não faltava gente chegando nos quartéis para preencher as fileiras da FEB. O que fazia falta eram os equipamentos militares comprados dos Estados Unidos, especialmente armas e munição, tão necessários para treinar a tropa brasileira na nova doutrina militar, uma vez que a FEB seria integrada ao V Exército dos Estados Unidos. Outra novidade informada pelas nossas tropas que já haviam desembarcado na Itália era que ficariam sob treinamento até a hora do combate.

O V Exército dos Estados Unidos e o VIII Exército Britânico, algumas das melhores tropas aliadas, avançaram até o norte, chegando aos pés da cadeia montanhosa dos Apeninos, onde os alemães e o restante das forças fascistas de Mussolini resistiam, dominando numerosos morros e vales da região com eficientes linhas de defesa.

Apesar de os jornais e mesmo os militares nos quartéis terem anunciado que nossas tropas já estavam na Itália, muitos pracinhas não tinham a menor noção de para onde iriam. Os oficiais, sargentos e soldados mais instruídos procuravam passar aos muitos soldados mais humildes alguma noção dos fatos, explicando pacientemente onde era a Itália e contra quem iriam lutar. Foi assim que muitos pracinhas que mal sabiam ler e escrever tiveram sua primeira aula de geografia, com direito a uma excursão até o Velho Mundo. Pena que era em plena guerra...

Durante o treinamento, no meio de tanta gente que vinha de todas as partes do Brasil e de todas as classes sociais, João fez amizade com um ou outro soldado. Ainda era cedo para saber se esses camaradas ficariam juntos na mesma unidade, no mesmo pelotão ou grupo de combate dos vários que compunham uma companhia. Uma companhia tinha cerca de 117 homens divididos em três pelotões de até 39 homens; cada pelotão tinha três grupos de combate, com 13 homens. Os planos iniciais de juntar até três divisões brasileiras, formando um corpo de exércitos, pareciam superestimados. Se tudo continuasse como estava, a FEB seria constituída apenas por uma divisão, com seus três regimentos. De acordo com a nova doutrina norte-americana, cada regimento era dividido em três batalhões (indicados por números ordinais escritos em algarismos romanos), cada batalhão tinha três companhias, indicadas por números ordinais, para fácil identificação: o I Batalhão tinha a 1ª, 2ª e 3ª Companhias; o II Batalhão, a 4ª, 5ª e 6ª; e o III Batalhão, a 7ª, 8ª e 9ª Companhias. Cada companhia era dividida em três pelotões, cada um com três grupos de combate. O grande efetivo mobilizado seria aos poucos encaminhado para cada uma dessas subunidades, e muitos só saberiam ao certo qual sua companhia ao chegar na Itália.

A carência de material militar para o devido treinamento das tropas continuava: faltavam armas, munição e toda sorte de equipamento operacional, mas João foi imediatamente encaminhado para dirigir os primeiros jipes que entraram em serviço na unidade, mais uma vantagem que trouxe de sua vida civil que lhe permitiu receber sua habilitação para operar aquele moderníssimo veículo faz-tudo.

A rotina dos treinos reforçava o preparo físico, com marchas sem fim. Os soldados rastejavam na lama sob arame farpado com uma metralhadora disparando balas de verdade poucos centímetros acima de suas cabeças, treinavam tiro com fuzil usando a pouca munição que estivesse disponível, um dia sim e o outro também. Quanto ao fatídico dia do próximo embarque, ou ninguém sabia direito ou conseguiram mantê-lo em absoluto segredo. O que também faltava esclarecer melhor aos soldados é como e onde enfrentar o inimigo: num descampado? Nas ruas de uma cidade, nos vales e montanhas ou numa floresta? Sob a neve? De dia, de noite? Ter essa noção certamente faria muita diferença. Pelo visto, essa surpresa era reservada para o momento da chegada na guerra.

Depois da primeira partida das tropas em julho, todos os soldados ficaram com a impressão de que a qualquer momento ocorreriam os embarques subsequentes. Todas as dispensas foram canceladas e os contatos com familiares foram proibidos. Apesar disso, alguns parentes de quem morava no Rio de Janeiro ou de outros que vieram de muito longe, somados aos amigos e até namoradas, tentavam encontrar seus orgulhosos "pracinhas" aparecendo no portão do quartel, levando cigarros, goiabada, queijos, chocolates, cachecóis, meias de lã e qualquer outra coisa que pudesse dar algum conforto aos seus queridos no preparo para aquela longa e temerosa jornada. Apesar das amenidades e da momentânea alegria que essas rápidas visitas proporcionavam aos soldados, a hora da despedida parecia carregada de receio sobre o que o futuro reservaria para aqueles jovens cheios de vida e esperança. Em pouco tempo, até essas visitas no portão seriam proibidas e ninguém mais apareceria trazendo presentes.

Para muitos daqueles soldados, a incerteza quanto ao dia do embarque já era uma espécie de tortura psicológica. E o que dizer das expectativas quanto ao que lhes aguardava nos campos de batalha, de como seria entrar em combate na guerra? O jeito era se dedicar aos treinamentos e assim tentar diminuir um pouco a enorme ansiedade que parecia comum a todos. Os dias se arrastavam em sua monotonia enquanto não acontecia o próximo embarque de fato. O nervosismo esquentava os ânimos e às vezes brigas aconteciam pelos mais tolos motivos, sempre dissimuladas para evitar punições disciplinares. Alguns soldados bem-intencionados interferiam para evitar as rusgas dizendo que o inimigo era o alemão e contra ele é que se devia lutar. Muitas vezes, funcionava.

O comandante do Regimento Sampaio era o coronel Caiado de Castro, que passava a impressão de ser um chefe cordato e generoso. Ele fazia questão de estar junto dos seus comandados desde o toque de alvorada, quando saudava as tropas perfiladas bradando um cordial "Bom dia, meus camaradas!" antes de fazer seu discurso com a ordem do dia e enaltecer a nobreza da missão de todos. Não foi à toa que se tornou muito popular e ganhou a mais alta consideração de todo o Regimento Sampaio e dos outros comandantes da FEB.

Nos dias anteriores ao 20 de setembro, houve uma movimentação intensa em todos os setores da Vila Militar com a ordem de outro embarque. Quando tudo parecia se tratar de apenas mais um treinamento, João atentou para um detalhe importante: dessa vez, mobilizaram mais de 10 mil homens. Foi fácil perceber que aquele estado de prontidão era diferente. Alguns já suspeitavam que dessa vez a coisa era séria. Quando ficou evidente que seria necessário realizar diversas viagens de trem para levar todo aquele contingente, era óbvio que havia chegado a fatídica hora. Ao chegar no cais, os soldados com suas mochilas e sacos de equipamentos se depararam com dois enormes navios de transporte norte-americanos que os aguardavam com suas chaminés fumegando.

A hora do embarque chegou e os mais de 10 mil homens seriam engolidos por aquelas duas baleias cinzentas. Não era mesmo uma partida anunciada. Não houve acenos nem lenços brancos, pois não havia gente para se despedir dos pracinhas que rumavam para a Itália. João embarcou no navio AP-112 *USS General W.A. Mann*, junto com todo o 1º Regimento Sampaio de Infantaria e outras unidades que compunham a FEB, perfazendo 5.075 homens do 2º escalão da FEB. No segundo navio, o AP-116 *USS General M.C. Meigs*, embarcava o 3º escalão, com o 11º Regimento de Infantaria Tiradentes e outras unidades que somavam mais de 5 mil homens. Os únicos presentes para a despedida do contingente eram o próprio presidente Vargas, algumas outras autoridades do governo e demais militares, marcando a importância do momento. Houve até um enaltecedor discurso proferido pelo presidente por meio do sistema de som dos navios que, em resumo, prometia: "A pátria não vos abandonará".

O embarque aconteceu ordenadamente e, no dia 22 de setembro, os navios de transporte norte-americanos *General Mann* e *General Meigs* zarparam vagarosos rumo ao Velho Continente. A travessia do Atlântico levaria 16 dias. Apesar de João já ter navegado muitas vezes em navios a vapor menores através do rio Paraná, nada se comparava com as dimensões daquela empreitada marítima. Ficou impressionado com o tamanho das instalações do navio e a quantidade de gente embarcada. Enquanto os soldados observavam o Pão de Açúcar e o Corcovado diminuírem rapidamente ao longe na paisagem, muitos já pensavam consigo sobre o destino final da viagem: lutar numa guerra, matar ou morrer. Dali a pouco, todos seriam imersos na dura rotina dos embarcados: revezamento no convés para tomar sol, a estrita alternância em longas filas nos refeitórios, rigorosos exercícios de evacuar o navio numa situação de afundamento até a hora de se recolherem para dormir já de noite. Alguns treinos de evacuação no meio da madrugada assustavam todo mundo que já estava dormindo em seus beliches. Essas atividades seriam repetidas exaustivamente ao longo da jornada.

Os navios gêmeos bem que podiam ser confortáveis como os transatlânticos do gabarito do *Queen Mary*, mas não era o caso. Os muitos níveis das cabines e seus alojamentos eram aproveitados em cada palmo para acomodar o maior número possível de passageiros: beliches de lona se empilhavam em até quatro níveis, e os compartimentos situados abaixo da linha d'água do casco aumentavam a sensação de claustrofobia dos viajantes, por serem abafados e mal ventilados, já que não tinham escotilhas para a entrada de luz natural e ar.

Aos poucos todos se acostumaram com a comida no padrão norte-americano e com seu tempero adocicado mesmo na carne e no feijão. Os banheiros eram muito movimentados com o entra e sai causado pelos enjoos constantes que muitos soldados sofriam por causa do movimento do barco sobre o mar e que não deixava a comida parar no estômago. Muitos passaram toda a jornada vomitando.

Nem mesmo a cobertura aérea e os navios de escolta diminuíam o medo de algum ataque por submarinos inimigos. A rota era feita em zigue-zague para diminuir as chances de um torpedeamento, o que fez aumentar um pouco a duração da viagem até o porto de chegada. Os dias se passavam e a monotonia da paisagem em alto-mar se somava à dos viajantes. A rotina se alterava um pouco com as animadas rodas de música, quando apareciam violão e pandeiros, e batucada e cantoria ecoavam pelo convés. Não faltou samba para elevar o moral do soldado brasileiro.

O comboio finalmente cruzou o Atlântico, adentrou o Mediterrâneo e no dia 6 de outubro aportou em Nápoles, no sul da Itália. A chegada não foi nem um pouco efusiva, pois aquele porto já revelava para todos um assustador retrato da destruição causada pela guerra. Ali se viam inúmeros navios destruídos e afundados, construções demolidas e armazéns destelhados por bombardeios, perfazendo um cenário desolador. Apesar de chegarem ao destino, os homens foram obrigados a permanecer a bordo por vários dias enquanto eram encaminhados em levas para reembarcar em outros navios para uma segunda perna da viagem até outro porto mais ao norte, na cidade de Livorno, que seria feita por um comboio de barcaças de transporte de tropas da Marinha dos Estados Unidos, chamadas de LCI (*Landing Craft Infantry*, Barcas de Desembarque de Infantaria).

Em 12 de outubro, todos os 10.311 homens dos 2º e 3º escalões seguiram até o acampamento da FEB a oeste de Pisa, num comboio de caminhões rumo a San Rossore, um antigo campo de lazer e caça do rei da Itália. Nesse acampamento – que se tornou o Depósito de Pessoal da FEB –, o contingente de soldados continuou recebendo instruções e algum treinamento complementar até o final de outubro, num último preparo para revezamento com as tropas que já estavam em combate. Dali em diante os deslocamentos seriam feitos numa zona da guerra.

O clima frio de outono da região foi se impondo aos brasileiros, ainda acostumados com as temperaturas quentes ou amenas da sua terra longínqua. O sol nascia tarde e se punha cedo. Por volta das 16 horas já começava a escurecer e os dias eram frios mesmo com o sol presente. Por sua vez, as noites eram congelantes. Tudo isso antes da chegada do inverno. Já era possível ver os cumes das montanhas dos Apeninos ao longe recobertos por uma branca camada de neve que aumentava a cada dia e, logo, vislumbrar o cenário onde a guerra aconteceria: se os alemães estavam em cima daqueles morros, seria dureza conseguir expulsá-los. Vale lembrar os milenares guerreiros chineses que afirmavam que quem domina o terreno elevado leva vantagem no campo de batalha. Esse era o cenário de combates que esperava os brasileiros.

Os primeiros movimentos do III Batalhão foram feitos em comboios por estradas sinuosas beirando precipícios até chegar aos acampamentos na área de Filetolle e, de lá, até Porreta Terme, cidade onde foi instalado o quartel-general da FEB, do general Mascarenhas de Moraes e seu alto-comando. Nesse momento, as operações da FEB já tinham mudado da região do vale do rio Serchio – onde o pessoal do 6º Regimento de Infantaria fizera o batismo de fogo brasileiro em agosto – para o vale do rio Reno, mais ao norte, na Emilia Romagna, nos arredores de Pisa e Florença. Os soldados brasileiros substituiriam o efetivo da

1ª Divisão Blindada norte-americana, que já tinha baixas de 40% em seu contingente. Também substituiriam o II Batalhão do 6º Regimento, na área ao redor de Torre di Nerone, onde o inimigo tinha ampla visão do movimento das tropas no setor, com a ação de franco-atiradores e o temido "fogo de inquietação" da artilharia e dos morteiros alemães. Parte do deslocamento das tropas brasileiras foi feita em comboio de caminhões, sob a escuridão da noite.

Em pouco tempo, as patrulhas lançadas para fazer contato e avaliar a posição e a força do inimigo se tornariam rotina. Alguns novos termos entravam para o vocabulário dos soldados: "*very-lights*" (foguetes de iluminação) eram pistolas sinalizadoras – também disparadas pelos alemães – usadas para iluminar o terreno à noite e identificar movimentos inimigos. A "ração K" (ração de combate seca) vinha em pequenas caixas de cartolina contendo alimentos suficientes para um dia de operações. A "ração C" (ração molhada) apresentava latas de comida em conserva, como carnes ou frutas em calda. Esses alimentos faziam a felicidade quando chegavam nas mãos da população que sofria com a guerra na Itália e que não tinha o que comer. As traiçoeiras "*booby traps*" (armadilhas para bobos, numa tradução livre) eram aparatos explosivos com iscas atraentes, como uma pistola ou qualquer objeto de valor. Um fio amarrado num quadro torto na parede, num piano ou numa gaveta explodia para matar ou mutilar o curioso distraído que puxasse a isca. Virou regra nunca pôr as mãos em nada suspeito. O "quebra-canela" era uma mina terrestre alemã feita de madeira para escapar dos detectores magnéticos usados para varrer os campos minados; muitas delas já tinham vitimado nossos soldados, que ficaram com lesões graves nas pernas e, por isso, o bizarro apelido. "*Fox hole*" era o buraco da raposa, trincheira individual cavada pelo soldado.

Além disso, o inevitável convívio com a população italiana trouxe alguns termos da língua local: "*tedesco*" era o alemão; "*scatoletta*" era a caixinha de ração K; "*prego*" era por favor; "*andare via*" significava ir embora; e "*paura*" era medo. O cigarro brasileiro era chamado pelos italianos de "*bionda cativa*" (loura malvada, numa tradução livre), porque tinha uma mulher loura na embalagem e, por ser muito ruim, todos preferiam os cigarros distribuídos pelos norte-americanos.

Os pracinhas aprenderam rapidamente que as posições demarcadas dos muitos morros se deviam à sua altura em relação ao nível do mar, também chamadas de "cotas". Nas ordens de operações sempre aparecia "Patrulha sobre a cota 670, expulsar o inimigo da cota 702, conferir movimento de tropas na cota 822"... Quanto maior o número, mais alto era o morro, e de lá os alemães podiam ver – e atirar – em tudo que se movia abaixo. Quem caía por tiro de metralhadora, canhão ou morteiro não morria: o termo era "sobrou".

Muitas vezes, o pracinha se preocupava mais com onde pisava do que com o inimigo. Pisar numa mina ou tropeçar num arame esticado com explosivo na ponta era bem pior do que ficar sob fogo. Disparar o fuzil Springfield exigia cautela, pois os tiros poderiam revelar a posição ao inimigo e arruinar o efeito-surpresa de uma patrulha. Às vezes, o grupo de combate avançava com cuidado no terreno, identificava a posição do inimigo, contornava-o e o surpreendia. Essa manobra se chamava "golpe de mão". Dependendo das ordens recebidas, não era necessário matar ninguém num assalto, mas fazer prisioneiros e trazê-los para interrogatório. Outras vezes, o objetivo da patrulha era passar as coordenadas de uma posição inimiga para a artilharia fazer o serviço.

No final de novembro, tropas brasileiras já tinham realizado dois infrutíferos ataques ao famigerado Monte Castello. Nessa mesma época, João foi encaminhado à 9ª Companhia do III Batalhão do Regimento Sampaio. Alguns deslocamentos de sua unidade passaram por Filetolle e Porreta Terme, lugares nos arredores de Scilla, onde ficava a retaguarda da FEB. Nesse local, máquinas de fumaça (*fog machines*) mantinham a cidadezinha encoberta aos olhos da artilharia alemã, mas isso não impedia que eventuais salvas inimigas atingissem o lugarejo, como numa aterrorizante roleta-russa. Havia uma ponte na saída da cidade, muito conhecida por ficar na mira de canhões e *snipers* (atiradores de elite) alemães. Muita gente atravessava a ponte sob fogo inimigo.

Em 7 de dezembro, chegou a Nápoles mais um navio vindo do Brasil, trazendo o 4º escalão com mais 4 mil soldados para o *front*. No dia 10 de dezembro, a 9ª Companhia foi uma das três escolhidas para um novo ataque ao Monte Castello, previsto para o dia 12 (os outros tinham ocorrido em 24, 25 e 29 de novembro), no que seria a quarta tentativa de tomar aquele lugar, já chamado de "morro maldito" pelos brasileiros. O Regimento Sampaio ficaria na vanguarda, com a 7ª Companhia subindo pela direita, a 9ª pela esquerda e a 8ª como reserva.

Em todos os aspectos que envolvem a realização de um ataque desse porte – como a identificação das posições inimigas, conhecimento da situação topográfica, disposição de homens e meios, suporte da artilharia e de apoio médico (retirada e atendimento de feridos) – havia a preocupação com a chuva intensa que prometia cair ao longo dos dias seguintes. No dia 11, as unidades do Sampaio já estavam nos pontos da base de ataque, nos arredores de Bombiana e Case Guanella, depois de um dia de marcha sob chuva. Na madrugada do dia 12, ainda no escuro, as companhias avançaram para as posições do ataque-surpresa quando uma barragem da artilharia disparou de repente contra o vizinho Monte Belvedere, deixando os alemães em alerta por todo o setor. Era a artilharia dos norte-americanos apoiando seus efetivos na subida de outro morro vizinho.

Às seis e meia da manhã, ainda no escuro, sob chuva e sobre a lama dos caminhos e trilhas que levavam aos pontos de ataque, a 9ª Companhia tomou posição nos arredores de Case Guanella. A tropa avançava com cuidado, em silêncio, sob a orientação dos observadores que estavam adiante na progressão do terreno. De repente, os alemães pareceram acordar e começou uma chuva de granadas de artilharia e morteiros sobre os pelotões brasileiros. Dali a pouco vieram as rajadas das temíveis metralhadoras alemãs, escondidas pela densa neblina. Ouvir as balas zunindo não era nada parecido com os treinos rastejando sob arame farpado no Brasil, pois é bem diferente quando alguém mira e atira para matar. A escuridão e a névoa espessa impediam a localização e a resposta ao fogo inimigo, mas ao mesmo tempo poupava os brasileiros de ficarem expostos a ele. O apoio ao ataque feito em sintonia com os pelotões de metralhadoras, morteiros e artilharia não deu conta de anular as defesas alemãs, que impediam o avanço morro acima pela vantagem topográfica e fogo vigoroso. Os padioleiros não paravam de resgatar e levar mortos e feridos ao posto de socorro na base de ataque. Muitos tombados ainda ficaram pelo caminho. O dia se passou com a triste constatação de que os alemães resistiram e não recuaram, tornando muito difícil a retirada de nossas tropas.

Com o passar das horas, a neblina se dispersou, a chuva diminuiu, a lama permaneceu e o avanço sobre o Monte Castello ficou impossível. Os alemães continuavam atirando com toda a força. Ao longo do dia, mais soldados brasileiros tombaram pelo caminho. Mesmo cumprindo à risca o planejado, não foi daquela vez que tomaram o monte. O ataque custou a vida de dezenas de homens, enquanto outros foram capturados. A retirada foi muito dificultosa e levou muito tempo até conseguirem voltar aos pontos seguros da retaguarda. Uma vez lá, foi preciso contabilizar o grande número de baixas, as perdas morais, materiais e fazer uma revisão de tudo o que acontecera durante o ataque para corrigir as falhas e planejar as futuras investidas sobre o inimigo. Até lá, o leão do Sampaio – símbolo gravado no estandarte do regimento – ia cuidar de suas feridas.

Na sequência das ações, a 9ª Companhia percorreu as localidades de Torre di Nerone, Cemiterio D'Áfrico, Case Guanella, Ca di Berti, Rocca Pitigliana, Bombiana e demais lugarejos ao norte do rio Marano, região que virou palco da "defensiva agressiva", como ficou conhecido o conjunto de ações que seriam empreendidas com a chegada do rigoroso inverno nos Apeninos. Dali para a frente, a rotina das tropas seria a realização de patrulhas para conferir a posição do inimigo em determinados trechos da linha de combate, muitas vezes fazendo contato, avaliando sua quantidade e capacidade de ação. Era preciso muito planejamento nas investidas sobre a chamada "terra de ninguém", terreno que não estava sob domínio de nenhuma das forças combatentes.

Grupos de combate avançaram para "tirar da toca" os alemães e, se possível, voltar com alguns prisioneiros para serem interrogados e eventualmente revelarem quaisquer informações relevantes sobre as forças inimigas posicionadas no setor. Muitas vezes, as ações exigiam atravessar campos minados e acabavam em sangrentas escaramuças sob fogo de morteiros ou metralhadoras alemãs, com seu assustador rugido de pano sendo rasgado. Até arranjaram um apelido para essa metralhadora: "Lurdinha". Dizem que foi por causa do seu barulho parecido com o de uma máquina de costura que um soldado acabou por lembrar de uma costureira que se chamava Lurdinha. João pensou que essa história seria no mínimo engraçada de contar para sua irmã, Lourdes, mesmo que nem costureira ela fosse. Só era preciso voltar vivo para casa.

As patrulhas e os golpes de mão se repetiam ao longo do mês de dezembro, com o inverno cada vez mais rigoroso, muitas vezes com neve até a cintura. Em Torre di Nerone, ao contrário do que era comum nos combates, os brasileiros estavam em cima do morro e os alemães, embaixo. Os dias se passavam na rotina de patrulhas, desarme de campos minados e armadilhas que os alemães deixavam no terreno. Muitos desses explosivos eram montados traiçoeiramente sob os corpos perdidos de nossos soldados, que aguardavam serem recolhidos. Era um perigo que exigia mais cuidado ainda do Pelotão de Sepultamento, cuja nobre missão era resgatar os corpos de quem tombou em combate para dar-lhes enterro digno. Só no ataque do dia 12 ao Monte Castello esse grupamento recolheu 46 corpos.

Com o inverno cada vez mais rigoroso, passava-se o tempo contando quantos tiros a artilharia alemã mandava para o lado brasileiro, enquanto a artilharia da FEB tomava cuidado para não disparar sobre os trechos onde suas patrulhas operavam. Revezaram-se as posições entre Scilla, Bombiana e Case Vitelline. Com a neve e o frio aumentando, os brasileiros estranharam o clima e apresentaram problemas de resfriados que logo evoluíram para complicações pulmonares. Muitos precisaram baixar até os hospitais de retaguarda para atendimento. Nessas horas, as luvas, cachecóis, meias de lã e pulôveres que os parentes ou namoradas deram serviram para diminuir o frio. Os pracinhas forravam o interior das botas com jornal ou palha, o que melhorava um pouco o aquecimento dos pés. Nem os curitibanos e os gaúchos, acostumados ao frio, aturavam as temperaturas perto de vinte graus negativos.

Num lugar qualquer da região da Emilia Romagna.

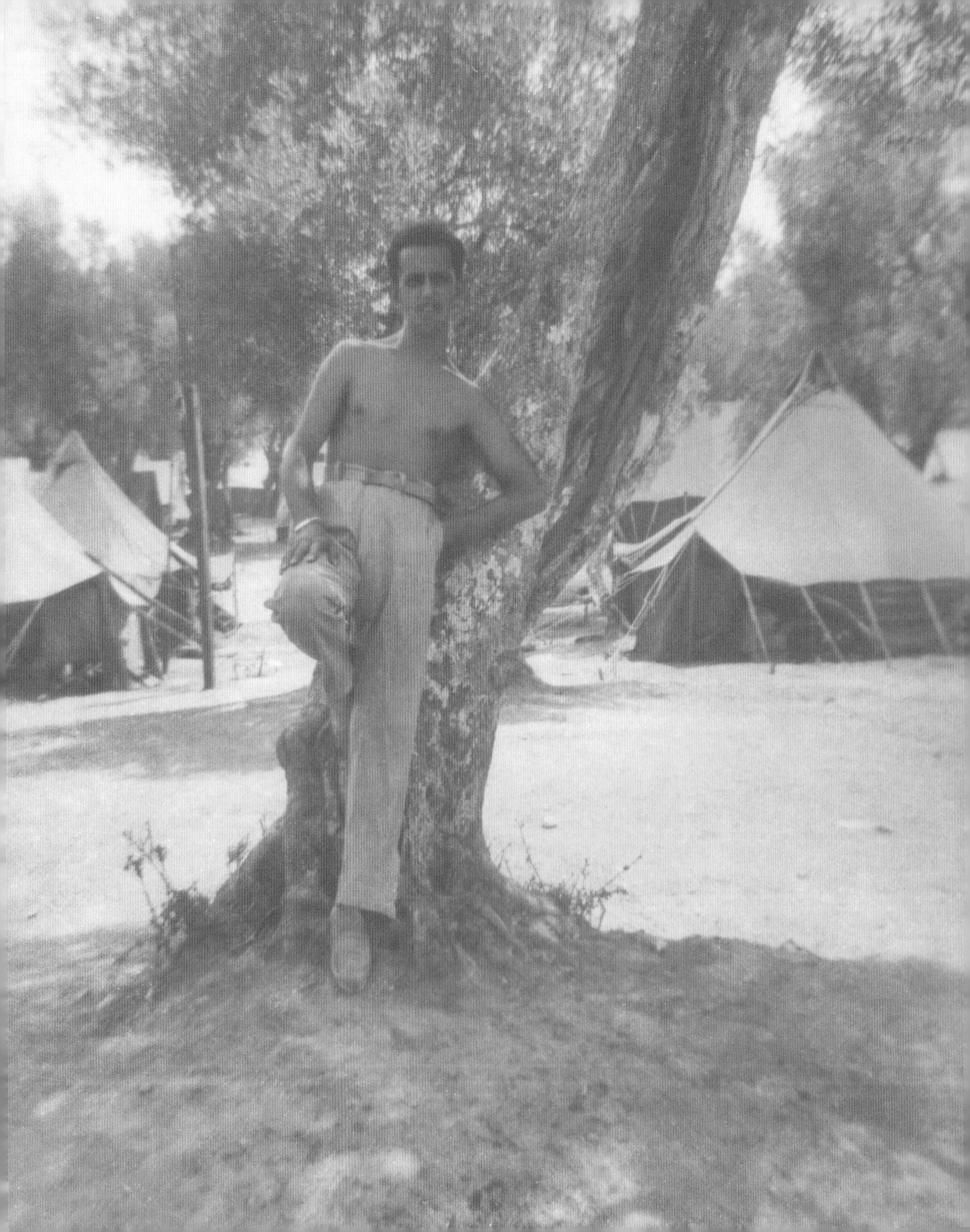

O MELHOR PRESENTE DE NATAL ERA ESTAR VIVO

MUITO SE FALAVA em acabar a guerra antes do Natal de 1944, mas tudo indicava que os alemães não iriam deixar isso acontecer. O prometido Natal em Bolonha – cidade importante que ficava a menos de vinte quilômetros das linhas brasileiras – ficou longe de se cumprir. O Natal chegou com aquela neve branca dos cartões-postais, a mesma descrita na letra de *White Christmas*, canção de grande sucesso do cantor norte-americano Bing Crosby. Engraçado como o Natal é associado com a neve, mesmo no Brasil, com seus coqueiros, praias e abacaxis.

Entre os soldados, não havia quem não se encantasse com o espetáculo da paisagem branca, que aumentava a saudade de casa, da reunião das famílias, da ceia natalina e dos presentes ao pé da árvore. Mas no *front*, no lugar do Papai Noel, eram os alemães que mandavam "presentes" em forma de granadas de artilharia que caíam traiçoeiramente do céu. Mesmo na data sagrada, ainda ocorria o revezamento de patrulhas de segurança.

Na tarde do dia 24, o posto de comando do III Batalhão, em Caselina, recebeu a visita do comandante da Artilharia, general Cordeiro de Farias, que se emocionou com a singela recepção improvisada pelos soldados, preparada numa mesa coberta por uma toalha branca, algumas iguarias natalinas como castanhas, frutas e um vinho. O Natal sempre foi uma data em que todos pedem paz nos corações, mas aquele foi mais um ano de Natal em guerra. Só restou aos brasileiros perdidos na neve continuar torcendo para chegarem vivos até o Ano-Novo e voltarem inteiros ao Brasil para celebrar o Natal seguinte.

A guerra, ao contrário do que enganosamente mostram os filmes de Hollywood, era de uma monotonia sem igual. As patrulhas se repetiam, cada vez piores por causa do frio congelante. No setor da 9ª Companhia, para surpresa geral, apareceu um desertor alemão junto de um piloto norte-americano abatido atrás das linhas inimigas. Com eles estava ainda um camponês que serviu de guia para os dois, e os três vieram dar nas linhas brasileiras.

A população local estava presa no meio da guerra, vítima de bombardeios de ambos os lados, além de massacres executados pelos alemães em represália às ações dos grupos da resistência, os *partigiani*. As casas dos camponeses muitas vezes serviam de posto de observação tanto para alemães como para brasileiros. Houve casos em que os alemães expulsaram camponeses para o lado brasileiro e, assim, cruelmente os forçaram a andar sobre campos minados ou armadilhas que nós também deixávamos. Algumas vezes, espiões fascistas eram infiltrados no meio dessa gente para depois reportarem aos inimigos nossas posições e o tamanho da força de combate no nosso trecho. Era preciso cuidado ao abordar essas levas de refugiados, conhecidos como *sfollati* (deslocados, em italiano). Nesse setor também era frequente descobrir e destruir os abrigos usados pelos alemães, para assim impedir que fossem reutilizados pelo inimigo; eram muitas casamatas e trincheiras construídas de troncos e pedras, que ficavam escondidas nas encostas de morros e ravinas.

Se o Natal tinha sido razoavelmente tranquilo, havia uma expectativa de que algo aconteceria na noite de Ano-Novo. Os brasileiros receberam uma ordem operacional denominada "patrulha Réveillon": eles deveriam descobrir onde estavam as linhas do 1.043º Regimento de Infantaria alemão, fazer contato e revelar posições, além de recolher alguns corpos de soldados brasileiros perdidos depois do último ataque ao Monte Castello. Na noite do dia 31, a patrulha se deparou com os alemães e ficou encurralada sob fogo, sem conseguir recuar para a base. Houve o receio de pedir apoio da artilharia porque poderiam disparar sobre os pracinhas sem condições de bater em retirada. Afortunadamente, pela manhã todos conseguiram retornar vivos até o setor brasileiro para passar o Ano-Novo. Infelizmente, a guerra se manteve a mesma do ano anterior.

O mês de janeiro continuou com as patrulhas, tanto as de segurança como as de reconhecimento, realizadas à medida que a altura da neve permitia. Muitas eram feitas à noite, com a escuridão protegendo os soldados do inimigo. Depois de encarar a lama das chuvas de dezembro nas encostas dos morros e trilhas, agora era a neve que atrapalhava as operações. Tratou-se de uma comprovação histórica das agruras que o "general inverno" causava nas ações militares. Foi assim com Napoleão quando invadiu a Rússia, e a lição parece que não foi aprendida pelos alemães na sangrenta frente oriental, onde seus soldados mais valentes eram condecorados com uma medalha mais conhecida como a da "carne congelada". No fim das contas, ao soldado não interessava saber quantos graus abaixo de zero estava fazendo depois que o frio já tinha congelado seus bigodes. Na Itália, mesmo com as intempéries prejudicando ambos os lados, permanecia a grande vantagem estratégica dos alemães que estavam entocados nos morros e de lá viam todos os movimentos.

O "quarteirão" designado para o III Batalhão do Sampaio encampava vários lugarejos como Abetaia, Bombiana, Cavrullo, Malandrone, Guanella, Vitelline, Casellina: não importavam muito os nomes nem as coordenadas; eram só os mesmos lugares onde as patrulhas iam e de onde voltavam, muitas vezes sem novidades, às vezes dando de cara com um *tedesco*, quando então "voava pena para todo lado". Foi assim que durante três meses os homens da 9ª Companhia vivenciaram as agruras da guerra, vendo os inimigos de longe, depois de perto quando rendidos, sem mais vontade de lutar. Isso apenas comprova o quanto a guerra é uma idiotice. Num momento, os alemães estavam atirando escondidos; depois que caíam prisioneiros, mostravam-se arrependidos do que haviam feito pouco antes. Que tristeza ver o sangue dos companheiros mortos por causa dessa insanidade, seus corpos perdidos naqueles morros, no meio da neve. Como os resgates eram quase impossíveis, muitos soldados feridos gravemente sangravam até morrer, sozinhos, sem ajuda. Mesmo assim, a guerra seguia o seu teatro macabro, um retrato cruel da estupidez humana. Parecia muito fácil quando os alemães se rendiam, levantavam as mãos dizendo "*Kamerad, Kamerad!*", que na língua deles é "Amigo, amigo!". A guerra podia se resumir a isso. Ninguém precisava mais se matar e todos voltariam logo para casa, vivos.

A essa altura, o III Batalhão do Sampaio tinha passado 83 dias em ação e perdido 125 homens. O revezamento entre as companhias continuava: muitos homens eram enviados para a retaguarda, onde era possível descansar um pouco, fazer refeições quentes, pegar maços de cigarro e atualizar a correspondência. Depois, voltavam para a longa monotonia entremeada por uns poucos momentos de loucura que fazem o dia a dia da "defensiva agressiva".

Lá pelo fim de janeiro, houve rumores de um próximo ataque decisivo ao Monte Castello, preliminar à grande ofensiva esperada para a primavera. Enquanto isso, mais patrulhas, deslocamentos e noites congelantes passadas ora em escombros, ora em barracas ou em *fox holes* recobertos por troncos, terra e neve, verdadeiras covas frigoríficas. Por causa disso, João foi parar na enfermaria com uma suspeita de pneumonia, algo que aconteceu com muitos soldados naquelas circunstâncias. Ao menos era melhor do que ficar com os pés endurecidos pelo frio, quando as pontas dos dedos ficavam pretas como se queimadas por fogo e precisavam ser amputadas. Sem dúvida, era algo muito mais grave que baixar à enfermaria em Scilla com uma "tosse de cachorro".

Enquanto se recuperava, João recebeu notícias de uma nova unidade norte-americana que entraria em combate junto aos brasileiros: a 10ª Divisão de Montanha. Como o nome sugere, essa tropa de elite foi especialmente treinada para lutar na neve, com o emprego de esquis e uso de técnicas de alpinismo e escaladas, preparada para um cenário de que a FEB nem sequer fora alertada.

A virada do mês de fevereiro ainda foi marcada pela rotina irritante de bombardeios pontuais da artilharia alemã, pelas escaramuças entre as patrulhas e pelas inestimáveis operações das unidades que muitos desconhecem no cenário de guerra. As tropas precisavam de munição e superioridade de fogo sobre o inimigo, mas para isso acontecer era imperativo fazer chegar munição, ou seja, alguém teria que carregar caixas de balas, de fuzil, de canhão e de morteiro. Ninguém sabe a dureza que os homens de um Pelotão de Remuniciamento passam para levar esse importante suprimento aonde for preciso. Seja de caminhão, de jipe ou até de mula, a munição precisava chegar para tudo acontecer. Um soldado tem que estar bem alimentado, então a comida – se é que o conteúdo das caixinhas de papelão e latas podia ser chamado assim – devia ser levada aonde era preciso, por qualquer meio necessário, fazendo valer outra máxima das operações militares, de que "os soldados marcham com o estômago". Os feridos em ação tinham que ser socorridos com urgência, então os Pelotões de Saúde corriam de um lado ao outro com macas, material médico de primeiros socorros e tudo o mais que precisassem para salvar vidas, descendo os morros perigosamente até o posto de saúde avançado e dali em jipe ou ambulância até os hospitais na retaguarda, torcendo para o ferido chegar vivo. Fica a impressão de que essas passagens menos enaltecedoras do dia a dia em combate são esquecidas da memória de todos quando uma guerra acaba. Só os feitos dos valentões de fuzil na mão, condecorados por seus atos heroicos, são lembrados. Isto é, se se lembrarem dos heróis...

Numa dessas improváveis encruzilhadas da vida, um amigo de João da turma do Colégio Pedro II, Paulo Carvalho, que era primeiro-tenente subcomandante da 7ª Companhia, foi promovido a capitão e passou a comandar justamente a

9ª Companhia. Depois de meses sob treino na Vila Militar – que ironia! –, só foram se esbarrar quando chegaram à guerra.

A empolgação era grande com os preparativos para o próximo ataque ao Monte Castello. Dessa vez, a promessa era não medir esforços para expulsar definitivamente os alemães de lá. Pelo caminho já conhecido, os brasileiros somariam forças com os norte-americanos da 10ª Divisão de Montanha e, assim, fariam de uma vez por todas o que não conseguiram nas outras tentativas.

O preparo foi cuidadoso. Chegaram os substitutos para cobrir as baixas de oficiais e praças. Houve muito planejamento, e até mapas atualizados das posições inimigas foram impressos, com legendas em português. Também chamou a atenção a quantidade de pontos de resistência, ninhos de metralhadoras e fortificações inimigas nas encostas do famigerado morro. O planejamento do ataque parecia o roteiro de uma complexa ópera orquestrada, em que os batalhões obedeceriam a uma estudada coreografia com tempo e velocidade calculados para os deslocamentos, pautada em objetivos a serem alcançados de forma que as defesas inimigas fossem envolvidas e anuladas num ato fulminante.

É claro que todo esse planejamento tinha sido feito sob o maior segredo, somente revelado aos seus protagonistas no momento em que as ordens foram liberadas pelo alto-comando de operações. Se os alemães não fossem surpreendidos, tudo terminaria numa grande tragédia.

Na manhã e ao longo do dia 20 de fevereiro, a 10ª Divisão de Montanha norte-americana tomou o vizinho Monte Belvedere, ao custo de elevado número de baixas em combates até o entardecer. Às 17:30 horas, o III Batalhão recebeu ordem de ocupar a base de partida para o ataque ao Monte Castello. As 7ª, 8ª e 9ª Companhias seguiram para seus setores e começaram a progressão pelo terreno, sob proteção da pouca luz do horário, com muita cautela para evitar os campos minados que já haviam sido demarcados e o choque com eventuais postos de vigilância inimigos pelo caminho. Era preciso muito cuidado nos deslocamentos para assim manter o sigilo da operação.

Durante a noite, ainda foi possível ver os clarões vindos dos combates do Belvedere, onde a 10ª Divisão de Montanha continuava enfrentando contra-ataques dos alemães. Na madrugada, a 7ª Companhia sofreu um revés inesperado: ao progredir sobre a cota 803, foi alvejada por fogo da nossa própria artilharia, paralisando a subida. Depois de se reagruparem e retirarem os feridos, o pelotão conseguiu seguir com a missão. Foram emitidas ordens para realizar patrulhas de segurança durante a madrugada e para o início do ataque antes do amanhecer. A hora H ficou estabelecida para as 5:30 horas do dia 21.

O início do ataque aconteceu com o avanço das companhias, conforme programado. Não demorou para que os alemães percebessem os movimentos e respondessem com fogo de canhões, morteiros e metralhadoras. Ficou claro que não seria fácil ir até o cume do Monte Castello. Muitos começaram a cair pelo caminho. Outro episódio de fogo amigo aconteceu, dessa vez quando um pelotão norte-americano acertou por engano alguns soldados de um grupo de combate da FEB ao cruzar com ele na retaguarda da subida em seu próprio setor. Os alemães que estavam tão quietos passaram a responder com toda a força ao que suspeitavam ser uma operação em larga escala.

Por causa da reação inimiga, o avanço seguiu no ritmo possível, mantendo certa coerência com o plano de ataque. Se alguns objetivos eram atingidos com alguma facilidade, outros nem tanto. Por volta das 11 horas, o comando transmitiu um comunicado de que uma grande barragem de artilharia seria efetuada antes do avanço sobre a encosta do morro. Foram cinco minutos de chumbo pesado sobre os alemães. As últimas salvas foram de fumígenos (cargas de fumaça) para esconder os movimentos da tropa. Só então a progressão morro acima pôde continuar.

As horas seguintes foram cruciais. Os pelotões procuraram atingir os pontos previstos no avanço, destruindo ninhos de metralhadoras e casamatas. Também conseguiram fazer prisioneiros, mas a resistência ao ataque ainda era custosa aos brasileiros. Mortos e feridos foram evacuados na medida do possível. Tudo indicava que em breve a crista do Monte Castello seria atingida, até que surgiu a dúvida do que estaria por trás da linha visível do morro. Os alemães contra-atacariam? A cautela dos comandantes pediu que os pelotões segurassem um pouco o ritmo da subida, quando repentinamente caiu do céu uma inesperada barragem de artilharia... Quem teria ordenado esse ataque? Os petardos caíam muito perto de vários grupos de combate, que escaparam por pouco de mais um evento de fogo amigo; caso tivessem mantido o ritmo do avanço, teriam ficado sob suas próprias granadas. Mesmo assim, pela proximidade, o sopro (deslocamento de ar) das explosões afetou muitos soldados que precisaram ser evacuados (a concussão causa um efeito severo no combatente, menos que os estilhaços, mas ocorriam lesões intracranianas, ruptura de tímpanos, perda de dentes e hemorragias internas, dentre outros efeitos).

Os comandantes na linha do ataque tentaram segurar a barragem aos gritos de impropérios pelos rádios e telefones, mas não conseguiram impedir as salvas que já desciam pelos ares e explodiam no chão, levantando terra, pedras e troncos para todos os lados... Passado o susto, os pelotões puseram-se novamente em movimento, agora com a preocupação de atingir a crista do Monte Castello antes de escurecer, o que já estava acontecendo.

Enquanto subiam, muitas vezes foi necessário que, suspeitando de algum movimento, os soldados gritassem perguntas ou expressões coloquiais para saber se eram alemães ou brasileiros que estavam adiante. Vários alemães encontrados no caminho, atordoados pelos bombardeios, caíram prisioneiros. A progressão das tropas acontecia sem maiores entraves, um possível indicador de que a defesa inimiga havia se desintegrado por completo. Entre as 17:30 e 18 horas, todos os pelotões atingiram a crista do Monte Castello, comemorando o tão aguardado feito. Essa euforia foi passageira, pois era necessário prevenir-se de um possível contra-ataque alemão. As horas seguintes só comprovaram que dessa vez os inimigos não retornariam.

Enquanto no Brasil se festejava o Carnaval, na Itália os soldados brasileiros celebravam a tomada de um morro, apenas um dentre tantos na paisagem local.

Esperava-se que o próximo "monte qualquer coisa" desse menos trabalho para enxotar os alemães de lá.

No dia seguinte à tomada do Monte Castello, 22 de fevereiro, desembarcou em Nápoles o 5º escalão da FEB. Ainda estavam previstos mais embarques para reforçar nossas tropas e promover o devido revezamento de homens. Na sequência da tomada do Castello, o efetivo do Sampaio foi substituído na linha de ação e se retirou para um merecido repouso em Porreta Terme. Mas não durou muito: logo chegaram ordens para o regimento substituir a 10ª Divisão de Montanha no Belvedere e avançar sobre o Monte Gorgolesco. Continuava a sensação de que tomar cada morro na paisagem local não deixaria a guerra acabar nunca. Ao menos os alemães já não tinham mais a visão de cima de nossas posições e seus tiros de inquietação ficaram mais esporádicos. O quarteirão sob a guarda do Sampaio incluía os cumes de Rocca Corneta e a conhecida Cappela di Ronchidos. Agora era a FEB que estava em cima dos morros com suas patrulhas nesse Carnaval da guerra, longe das batalhas de confete e serpentina das ruas e salões do Brasil...

ANIVERSÁRIO EM CAMPO DE BATALHA

Mais um mês virou no calendário, e março começou com a mesma rotina da guerra. Houve a preocupação de os alemães resolverem contra-atacar nas áreas recém-conquistadas, mas tudo indicava que não o fariam. Continuavam as patrulhas e a contagem de quantos tiros os alemães mandavam para o nosso lado, um dia após outro.

Desde que chegaram para lutar, muitos soldados da FEB fizeram e ainda fariam aniversário na Itália, incluindo João, que não tinha muito o que considerar sobre o significado de passar o dia 4 de março em campo de batalha. Alguns amigos lhe deram tapinhas nas costas. Algo fora do comum aconteceu nesse dia durante uma patrulha: o pessoal da 9ª Companhia fez um prisioneiro enquanto um pelotão da

7ª Companhia atacou uma casamata e fez outros seis. Melhor seria chegar alguma carta ou telegrama de parentes e amigos.

Ao final de mais um dia na guerra, estar vivo ganhava um novo significado; poderia ser o maior presente de aniversário. O telegrama dos pais chegou na data certa, além de um outro muito especial, de Elisa, mas João só conseguiu lê-los dias depois. Apesar de tardios, foram muito bem recebidos.

NOVAS ORDENS

Depois dos três meses e meio que João esteve em serviço, chegou uma ordem para revezar posição: no começo de abril, ele foi transferido para a Companhia de Intendência, algo que lhe causou dúvida e um certo alívio. Aceitou sua transferência resignado, mas estranhou o fato de só tê-la recebido depois de tantos meses em ação. No final das contas, o motivo era tão somente a chegada de mais gente para revezar com quem já estava por meses na linha de frente e assim oxigenar as tropas. Muitos outros soldados receberam a mesma ordem, em uma ação prevista pelo comando das forças brasileiras. Na retaguarda, sentia-se um certo clima de "acabou a guerra". Muito se falava sobre os russos entrando em Berlim, e a queda da capital alemã poderia acontecer a qualquer momento. O mundo aguardava o apito final da contenda e qual seria o último ato do líder nazista. João lembrou-se de sua participação na entrevista para uma enquete que o jornal editado especialmente para a FEB, *O Globo Expedicionário*, promoveu entre os soldados para saber qual seria o fim de Hitler. Seu palpite foi de que o líder nazista seria julgado por um tribunal internacional em Paris e condenado à morte; outros achavam que ele daria cabo da própria vida, uma vez encurralado. Seja como for, para o arquiteto da tão propagada "raça superior" que causou tanta desgraça, não haveria morte honrosa.

O JUBILO DO BRASIL
PELAS VOSSAS PRIMEIRAS VITORIAS

Indescritivel o entusiasmo popular pelos feitos dos nossos soldados

BATISMO DE FOGO
DOS SOLDADOS DO BRASIL

O General Dutra no "front"

Seguiu de avião para a Italia o general Eurico Gaspar Dutra, ministro da Guerra. Desde a chegada das primeiras tropas brasileiras ao teatro da guerra na Europa, sabia-se aqui que o general Dutra desejava inspecionar a nossa F. E. B., incorporada ao Quinto Exército norte-americano. S. Ex. realiza agora esse desejo, e ao receberem os nossos soldados esta edição já terão em seu seio o titular da pasta da Guerra. Sua viagem se realiza quando nossos bravos patrícios conquistam no Velho Mundo novos louros para as nossas armas. O general Dutra sentirá o ardor com que os nossos expedicionarios se batem e cuidará de tudo quanto lhes é necessario para prosseguir na luta em defesa de nossa soberania, até o dia em que nossa bandeira flameará, vitoriosa, entre as bandeiras das Nações Unidas.

Preso na França o provavel inventor das "bombas-voadoras"

Georges Claude é um conhecido cientista francês, famoso por varias invenções de importancia que lhe são atribuidas, inclusive a do gás neon. Acontece, porem, que ele acaba de ser preso em Nancy, França, sob a acusação de ter inventado a terrivel bomba-voadora, arma com que os alemães pensaram abater o ânimo dos britânicos, em desespero de causa. Georges Claude, que aliás já esteve no Brasil, era um dos mais "eficientes" colaboracionistas franceses, estando há muito tempo empenhado em experiencias com projetis foguetes. A propósito das bombas-voadoras, cumpre notar que, segundo estatisticas recentemente publicadas, elas causaram a morte, no sul da Inglaterra, de cinco mil pessoas, ferindo cerca de quinze mil, danificando um milhão de casas e destruíndo inteiramente vinte e três mil.

Dentro em pouco

Hitler passa em revista suas ultimas reservas. ("Do "Diario Carioca")

ANO I — N. 3 — Rio, quinta-feira, 21 de setembro de 1944

O GLOBO
Expedicionario
DIREÇÃO DE ROBERTO MARINHO

O interesse dos expedicionarios pelo seu jornal, em "algum lugar", onde nossa objetiva os surpreendeu

Qual será o fim de Hitler?

Varios rapazes da F. E. B. respondem à pergunta feita pelo GLOBO EXPEDICIONARIO

Varios soldados, cabos e sargentos da FEB já responderam à pergunta "Qual será o fim de Hitler?" Isto quer dizer que o concurso, instituido pelo GLOBO EXPEDICIONARIO, teve a melhor acolhida possivel por parte daqueles que, nos campos de batalha, desafrontam nossa honra, vingam nossos irmãos e lutam pela independencia de todos os povos amantes da paz e da liberdade.

Como vocês sabem, amigos expedicionarios, o concurso visa saber como terminará Hitler, o maior inimigo da humanidade. Na forca? Diante de um pelotão de fuzilamento? Nas mãos de suas primeiras vitimas, os alemães, afinal revoltados contra os que arrastaram sua patria ao abismo? Num gesto de auto-punição? — bem pouco provavel — estourando os miolos escaldados com um tiro? Sob os retorcidos ferros de um avião caldo quando tentar a fuga, sem ter onde pousar legalmente?

O GLOBO EXPEDICIONARIO oferecerá o premio de Cr$ 1.500,00 ao expedicionario brasileiro que acertar com o fim de Hitler; e ainda aos que, por aproximação, forem colocados em 2.° e 3.° lugares, respectivamente, um de Cr$ 1.000,00 e outro de Cr$ 500,00. No caso de dois ou mais leitores acertarem, o 1.° premio caberá àquele cuja carta nos chegar antes, para o que a comissão julgadora fará um rigoroso registo. Toda correspondencia deverá ser dirigida com a indicação — Concurso — ao GLOBO EXPEDICIONARIO, (Redação de GLOBO), à Bethencourt da Silva, 21, 1.°.

AS PRIMEIRAS RESPOSTAS

Aqui vão as primeiras respostas, de varios rapazes da Força Expedicionaria Brasileira:

1) Do soldado 418, Amauri Duarte Teixeira, do 2.° sargento 392, Alfeu Dantas e dos 3.°s sargentos 3482, Adão Figueiredo e 2967, Helio Vitoria:
— "Hitler será abatido a tiros de revolver!"

2) Dos soldados 1842 Antonio Alves da Silva e 1829, Nilton Paes:
— "Hitler será encostado à parede e o "serviço" ficará por conta do pelotão de fuzilamento!"

Estes acham que Hitler acabará na forca

6) Do soldado 2097, Dailton Bezerra de Vasconcelos:
— "Quando a FEB chegar a Berlim, ao lado dos exércitos aliados, Hitler já estará "esticado". Morrerá de colapso cardiaco, logo após o colapso do exército alemão."

7) Dos soldados 4285, Rubens de Souza:
— "Será condenado e ficará na cadeia até o fim da vida. Morrerá, é claro, mas de castigo. Este bruto precisa sofrer o máximo possivel."

(Conclue na 2ª página)

Qual será o fim de Hitler?

(Conclusão da 1ª página)

8) Do 3.° sargento 2284, João Arume, descendente de japoneses, mas brasileiro cem por cento:
— "Hitler será fuzilado pelo proprio povo alemão."

9) Do soldado 1929, João de Lavor Reis e Silva:
— "Hitler morrerá em Paris, que será a sede do Tribunal que o julgará".

10) Do soldado 5295, Pedro Cardoso Filho:
— "O "Fuehrer" morrerá como menino chorão: na cadeia, tomando uma bruta surra!"

11) Do soldado 3934, Arlindo do Carmo:
— "Morrerá enforcado. O pescoço dele é ótimo..."

12) Do soldado 2499, Calixto Candido:
— "Fuzilado".

13) Do soldado 4156, Luiz do Espirito Santo:
— "Hitler morrerá debaixo de um "tank". Esmagado como um sapo".

14) Dos sargentos Dejar Gomes de Melo, Jurandir Oliveira Pereira, Helio da Cruz Vitoria, Virgilio Daniel de Almeida, João Oliveira Melo, Adão Figueiredo, José Braz de Souza, Gumercindo Pereira de Souza, Domingos Carrati, Oscar Fernandes de Alencar, Alfeu Dantas Novaes Filho e Benedito Francisco dos Anjos:
— "Hitler morrerá espetado numa baioneta, em plena Berlim."

3) Do 2.° sargento 1947, Hamilton Dantas Minchetti:
— "Será condenado à prisão perpetua por um Tribunal Internacional de Justiça Militar. A prisão perpetua é uma morte lenta, e isto é o que serve".

4) Do soldado 3907, Diniz de Vale Monteiro:
— "Assassinado em plena rua, a bala!"

5) Do soldado 2402, Jersey Pinheiro Guimarães:
— "Hitler se suicidará, com medo de ser preso. Estourará os miolos!"

Em *O Globo Expedicionário*, jornal editado especialmente para a FEB, o soldado 1.929 respondeu a uma enquete: "Qual será o fim de Hitler?".

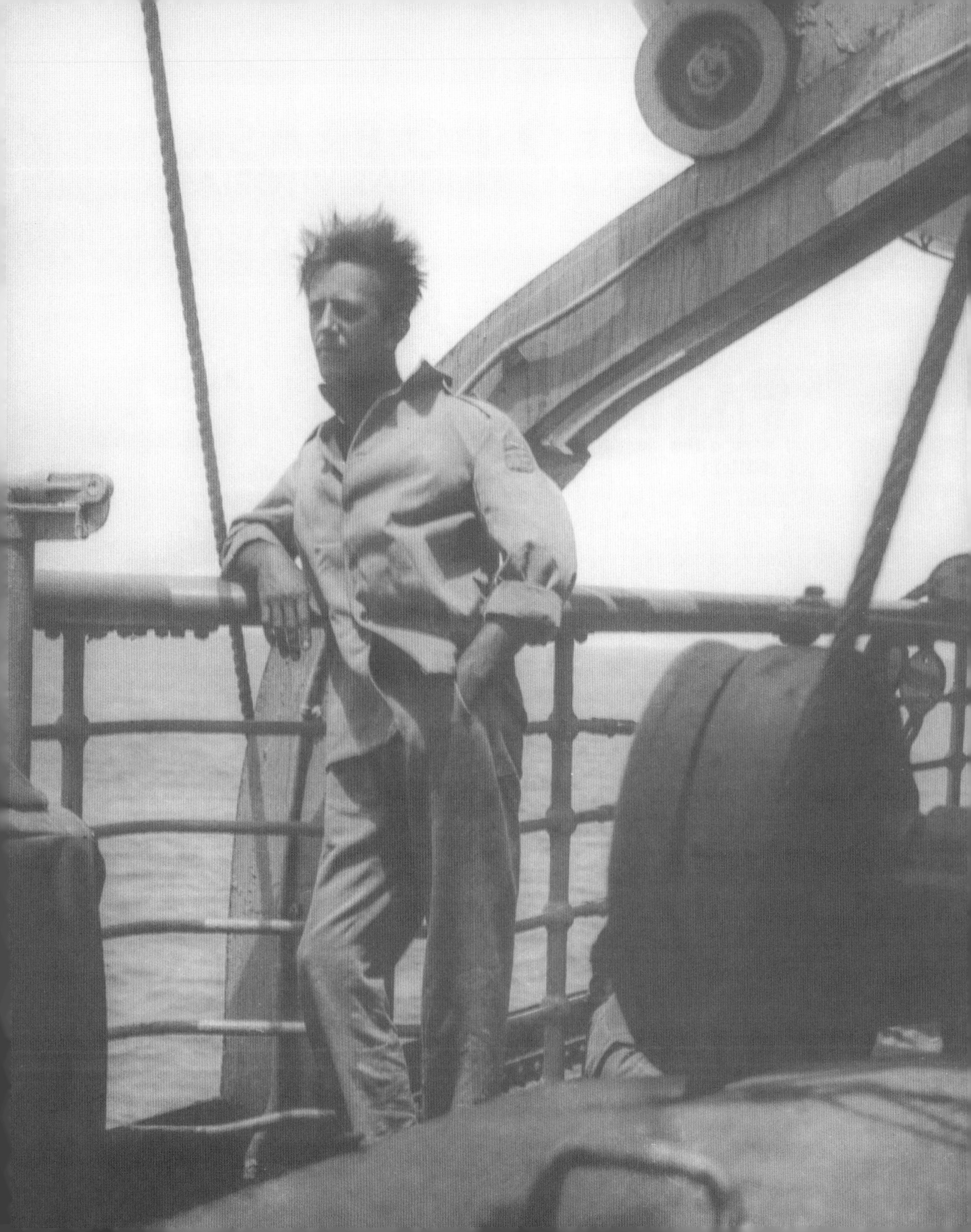

ACABOU A GUERRA. E AGORA?

O MÊS DE ABRIL já estava na metade quando o Sampaio preparou seu deslocamento de Gaggio Montano para tomar parte nas operações da Ofensiva da Primavera. Outras importantes ações da FEB aconteceram numa velocidade intensa: a tomada de Montese em 16 de abril foi uma mostra de força e capacidade de nossas tropas, constatando que a guerra continuava terrível. Dominar a cidade – que ficava numa posição-chave no caminho do avanço aliado até a planície do rio Pó – ainda cobrou o sacrifício de muitos soldados. Nessas ações tombaram alguns dos maiores heróis da FEB: o sargento Max Wolff, do 11º Regimento, além do aspirante Mega, do Sampaio. Com o sucesso da ofensiva, tudo se tornou cartas marcadas: bastava correr atrás dos alemães em retirada e evitar que fugissem para a Áustria pelo passo de Brenner.

Mesmo na Companhia de Intendência, as atribuições de João ainda o levavam ao redor de muitos lugares dirigindo um jipe, transportando alguém ou despachando qualquer tipo de coisa – rações, medicamentos e munições – para cima e para baixo nas empoeiradas estradas italianas. Saindo de San Rossore, João ficava perto de vários lugares aonde poderia chegar rapidamente.

Nesse leva e traz, João passou por Sassuolo, onde recebeu a informação de que os núcleos da resistência haviam declarado a Itália livre da dominação alemã na véspera, 25 de abril. A cidade promoveu uma festa que foi noite adentro. Mais tarde, aconteceu o cerco e a rendição de uma divisão alemã inteira e do restante das forças fascistas, somando mais de 15 mil homens, realizados pela FEB em Fornovo, região um pouco mais a oeste da linha de avanço. Essas vitórias são um atestado de que as tropas brasileiras estavam capacitadas para realizar tudo em termos de operações bélicas. Nada como um dia após o outro. Ganhando experiência em campo de batalha, uma hora se aprende a guerrear.

De Sassuolo, João seguiu até Marano e depois Piacenza. Foi ali, no dia 4 de maio, que chegou a eles a retumbante notícia de que os alemães haviam se rendido. Estava consumado: a guerra acabara! O caos se instalou em todo canto com a tão aguardada notícia. Ao retornar daqueles lugarejos no meio do campo, passando pelas cidades um pouco maiores da região até chegar de volta ao acampamento em San Rossore, a confusão era total. Por causa disso, alguns pelotões da FEB receberam orientação para controlar qualquer ação vingativa da população contra os alemães já rendidos ou dos *partigiani* (os indivíduos da resistência italiana) contra os colaboracionistas. Alguns pelotões brasileiros também receberam ordens para tomar posição na fronteira com a França, perto de Turim, impedindo uma eventual transposição indevida ou tomada de território não prevista pelo alto-comando aliado.

O clima de festa se espalhou por todo canto, e os soldados só tinham uma coisa na cabeça: voltar para casa. A guerra chegara ao fim, mas os brasileiros continuariam na Itália por um bom tempo até que se organizasse a volta ao Brasil. Muitos soldados elevaram seus pensamentos aos companheiros que caíram. Quanta ironia é morrer nos últimos instantes da guerra.

Aos poucos, as notícias sobre o final da guerra se espalharam, e quem tinha apostado no suicídio de Hitler acertou. Assim, João perdeu o prêmio de 1.500 cruzeiros de O *Globo Expedicionário* com sua previsão errada. O *Führer* não seria julgado pois decidiu estourar os miolos enquanto os russos tomavam Berlim ao custo de milhares de baixas.

A FEB continuava concentrada no acampamento em San Rossore, onde todo mundo procurava o que fazer até a hora de conseguir embarcar num dos navios para o Brasil. A ordem de retorno obedeceria à hierarquia da tropa, de modo que o alto-comando já devia estar voltando ao país. Para os combatentes, a tão aguardada viagem deveria respeitar a ordem de chegada: quem chegou primeiro, voltaria primeiro. Enquanto isso, grupos se organizavam para fazer passeios até cidades próximas, como Pisa, Florença, Parma e Bolonha. Muita gente conseguiria esticar até Roma, ver o Vaticano, quem sabe até o papa. Outros preferiram ir até Milão, a metrópole do norte italiano, ou Veneza, para conhecer os seus canais e passear nas lendárias gôndolas. Alguns mais ousados se aventuraram num jipe e seguiram até Paris ou Viena. Era uma chance única de visitar algumas dessas cidades, eternas joias da arte e da história universal. Muitos desses homens humildes nas fileiras da FEB dificilmente teriam outra oportunidade igual.

João comprou uma câmera fotográfica e alguns rolos de filme, determinado a documentar um pouco dessa jornada, agora que a guerra finalmente acabara. Se fosse até Roma e não visse o papa, ao menos teria algumas fotos para comprovar que lá esteve. A Cidade Eterna foi bastante preservada durante a guerra; seus monumentos ficaram intactos. Aqueles marcos históricos presentes nas páginas dos livros de escola agora estavam ali diante dele: o Coliseu, as ruínas do Senado Romano e o Arco de Constantino. O que mais o impressionou foi a grandiosidade da Praça de São Pedro, erguida no século XVII, além do interior da Capela Sistina e seu teto com as impressionantes pinturas de Michelangelo. Ao menos aquela maldita guerra lhe proporcionara esses pequenos privilégios.

As angústias dos combates acabaram, mas os dias se arrastaram num outro marasmo sem fim até chegar a hora do embarque de volta para casa. Apesar da enorme carência do comércio local, algumas vezes era possível encontrar pão fresco, macarrão, queijos, presunto cru e mesmo algum vinho para variar um pouco do rancho servido no acampamento da FEB. Nos centros de recreação montados pelos norte-americanos, ainda se podia dançar com algumas senhoritas, beber e fumar cigarros à vontade, mas esses locais estavam cada vez mais cheios. Num relance, aqueles homens pareciam de férias depois de tantos percalços, de tantas mortes.

O acampamento da FEB em San Rossore,
retaguarda das tropas brasileiras,
onde ficava o Depósito de Pessoal e a
Companhia de Intendência.

Com o final da guerra e o gradual
retorno da FEB ao Brasil, o
acampamento que fervilhava de gente
foi aos poucos se esvaziando.

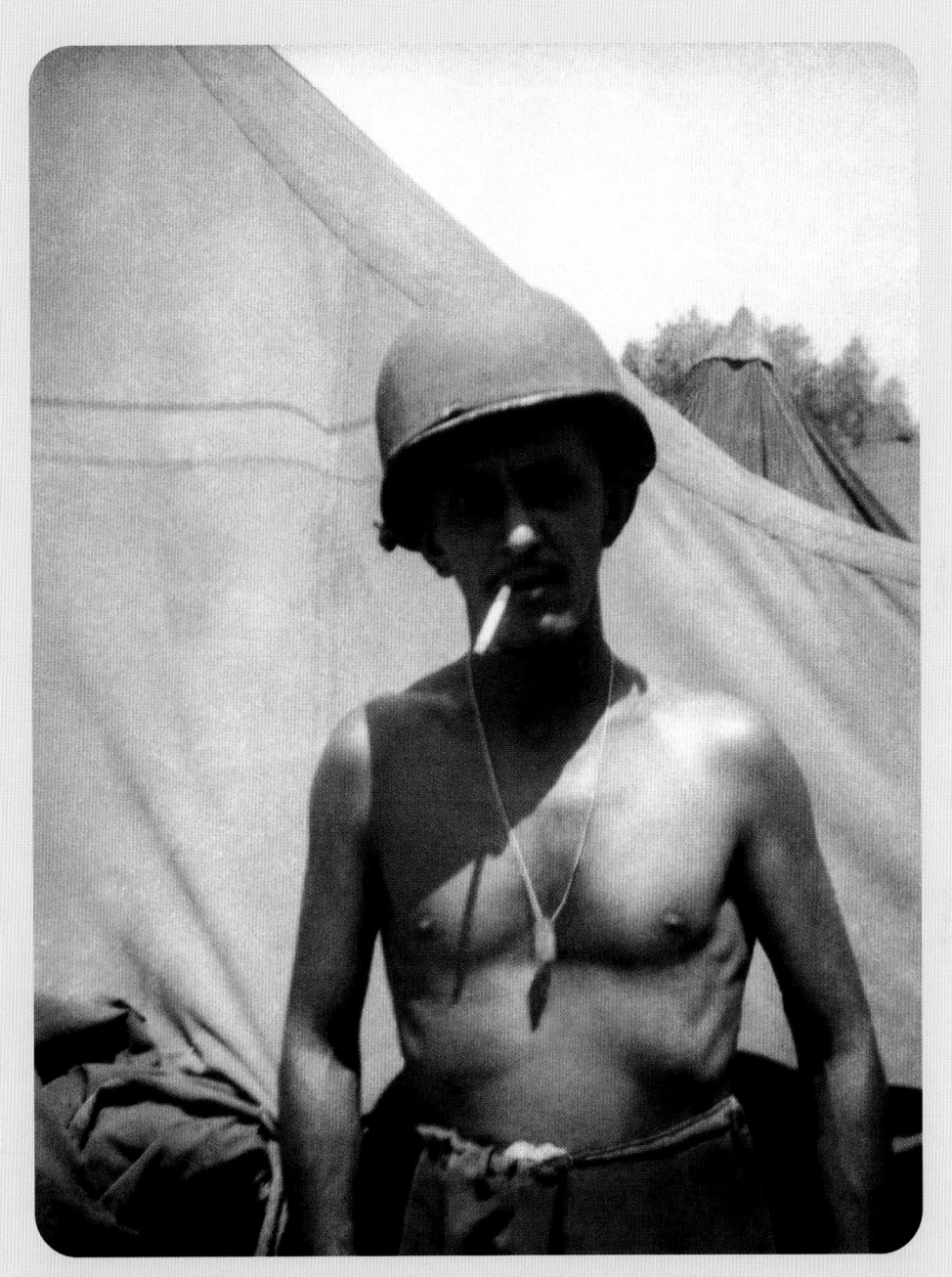

João fazendo pose de galã de cinema, usando seu capacete
e as plaquetas de identificação.

Não fosse a guerra, San Rossore, que era uma reserva de caça dos reis da Itália, poderia ser um ótimo "camping".

Fazer da barraca sua casa: essa era a rotina no acampamento em San Rossore.

Os soldados brasileiros tiveram acesso às melhores armas disponibilizadas pelos norte-americanos.

Começo da jornada de volta ao Brasil: o adeus ao acampamento.

A destruição ainda presente nas cidades fazia-os se lembrarem rapidamente dos reais motivos de estarem ali. A parte mais triste se revelava com as crianças, mulheres e idosos que ainda sofriam por causa da guerra recém-terminada. Levaria um tempo para que reconstruíssem suas vidas. O mesmo podia se dizer dos combatentes, que viram a morte de perto e sofreram tanto ao longo dos meses. Muitos já estavam sob sete palmos e ficariam naquelas terras para sempre. Não tinham vindo de férias nem voltariam para casa.

A operação de retorno continuava em ritmo de tartaruga. Os mais de 25 mil integrantes da FEB foram chegando na Itália em cinco escalões de 5 mil homens, com intervalos de alguns meses entre os embarques. Todo mundo que saíra do Brasil não tinha muita vontade de ir para uma guerra se pudesse escolher. Agora, todos queriam embarcar o mais rápido possível para casa, mas a volta era mais um desafio à paciência e superação desses exauridos soldados brasileiros, agora promovidos a ex-combatentes.

Dois meses depois do fim da guerra, partia o primeiro embarque com o 6º Regimento, em 6 de julho, para chegar ao Brasil no dia 18, com grande festa. Aos poucos, o acampamento de San Rossore foi se esvaziando, o que parecia aumentar ainda mais o tédio reinante. As cartas e os telegramas já não chegavam mais. Não restava nada além de reler as cartas antigas e os jornais velhos e pensar em como encontrariam o Brasil na volta. A opinião geral sobre a política é de que Vargas não ficaria muito tempo no poder, em decorrência dos ventos da democracia, e de que haveria eleições em breve. Parecia coerente. Afinal, a FEB não tinha acabado de lutar por essa mesma democracia?

Finalmente chegava a hora da partida. João conseguiu enviar um telegrama avisando à família da provável data de início da viagem, dia 12 de agosto, e da chegada, no dia 22, já que não era mais necessário manter segredo sobre as datas das operações. Um comboio de caminhões sairia na alvorada do dia 11 de San Rossore até Nápoles, numa jornada de empoeirados 550 quilômetros, levando 6.187 homens. A bagagem de João era composta de duas sacolas: os famosos "saco A e saco B".

O saco A ficava com o soldado por conter as necessidades imediatas, como roupas e produtos de higiene. O saco B seria despachado no porão. Nele estavam guardados casacos, outros itens de fardamento, além de algumas lembranças na categoria de "troféus de guerra": uma pistola Luger, um capacete alemão, um livro antigo achado entre os escombros de uma casa, dentre outras coisas.

Ao chegar a Nápoles, todo o contingente embarcou no *Mariposa*, um navio-transporte de tropas norte-americano emprestado à Marinha do Brasil. A partida do porto italiano semidestruído, com o Vesúvio ao fundo ainda fumegando, pois havia entrado em erupção no início de 1944, ganhava ares solenes. O navio cruzou mais uma vez o Mediterrâneo até o estreito de Gibraltar, que na Antiguidade fora o limite do mundo conhecido. Tanto que os mapas traziam os dizeres "*Non terrae plus ultra*" (latim para "Não há terra mais além") de acordo com a lenda do que foi escrito nas colunas erguidas ali pelo herói mitológico Hércules. A nau atravessaria o Atlântico deslizando nas mesmas correntes marítimas que trouxeram Cabral até o Brasil séculos antes.

Os dias se passaram lentamente, até que chegou a vista da costa brasileira e depois a entrada na baía de Guanabara, com o Pão de Açúcar e o Cristo Redentor na paisagem, anunciando o término da jornada. Nessa hora, todos pareciam dividir um sentimento comum: a lembrança da partida um ano antes, quando o Corcovado ia diminuindo na paisagem e todos se perguntavam se veriam o Cristo novamente. Ali estava aquele tão sonhado instante, com a emoção aumentada por causa dos que não viveram para presenciar o momento. O retorno simbolizava um reencontro coletivo com a vida, com a felicidade plena. Agora seria preciso retomar o rumo, seguir adiante depois de um desvio de rota tão duro como fora a guerra e torcer muito para que as lições tão dolorosas não permitissem que nada parecido acontecesse outra vez. Esse era outro sentimento comum entre todos aqueles jovens que saíram como garotos inexperientes do Brasil e voltavam da guerra como homens mais velhos, vividos e cheios de cicatrizes adquiridas em pouquíssimo tempo. Agora só queriam as vidas de volta, mas a guerra não terminaria para muitos desses ex-combatentes.

O desembarque foi rápido e ordenado. Os soldados foram orientados a não levar bagagem para o desfile, pois ela seria encaminhada até a Vila Militar para posterior retirada. Estava previsto mais um desfile pela avenida Rio Branco, onde se montou um palanque com a presença do presidente Vargas, os comandantes militares e outras autoridades. Apesar de já não ser novidade, o segundo desfile seria concorrido, e muita gente se aglomerava nas calçadas e esquinas fazendo festa para ver os pracinhas, jogando flores e uma chuva de papel picado das janelas dos prédios, um verdadeiro Carnaval fora de época.

Alguns parentes rompiam o cordão de isolamento para abraçar seus filhos em pleno desfile, mas João não teve essa sorte, pois não viu ninguém conhecido durante aquela confusão. A segunda parada militar de retorno da FEB começou ao redor das 14 horas e durou até o final da tarde, quando os participantes se encaminharam para as estações de trem rumo ao quartel na Vila Militar. Lá, outra festa estava em andamento, com muita gente esperando seus heróis. Finalmente João encontrou os irmãos e amigos, todos transbordando de emoção e alegria. Os pracinhas foram autorizados a ir para casa naquele mesmo dia. Quando foi restituir sua bagagem, percebeu que ela havia sido violada: roubaram todos os seus troféus de guerra. Não foi um caso isolado. Toda a bagagem dos recém-chegados da FEB fora roubada, num triste desfecho para a volta ao Brasil. Mas nem isso foi capaz de abalar a alegria do retorno ao lar e o reencontro com os entes queridos.

O Altar da Pátria, ou Il Vittoriano, monumento a Vittorio Emanuele II, é o ponto central da Cidade Eterna.

João na Praça de São Pedro, Vaticano, no dia em que o papa Pio XI concedeu uma bênção aos soldados brasileiros.

João e um amigo aproveitam o passeio em Roma junto ao Arco de Constantino.

Os restos do Fórum Romano se assemelham à Europa em ruínas.

"Gladiadores" brasileiros posam no Coliseu.

Pracinhas da FEB tomando sol junto aos pombos na Praça de São Marcos, em Veneza.

Com o fim da guerra, a Torre de Pisa voltou a ser atração turística.

João com a Basílica de São Pedro ao fundo.

O retorno para casa começa no píer de Nápoles e nas águas do Mediterrâneo.

Na viagem de volta, o porto de Nápoles mostra a mesma destruição vista na chegada.

Um navio adernado chama a atenção de todos no início da viagem.

O adeus à Itália: o Vesúvio ficava para trás, mas as lembranças
da guerra permaneceriam.

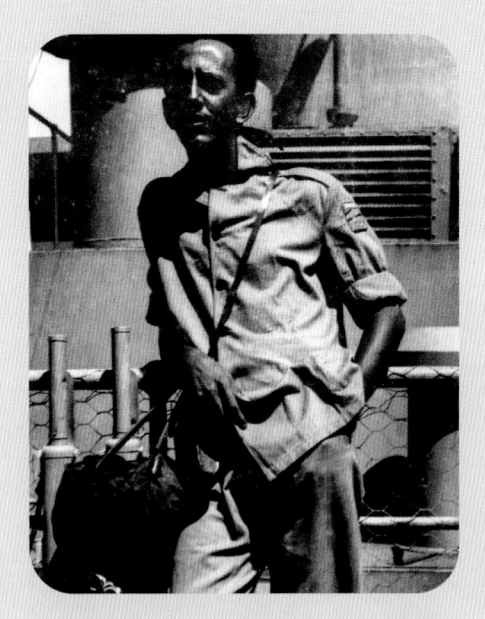

Embarcado e pronto para a rotina da viagem no navio *Mariposa*.

Aproveitando o sol do Mediterrâneo no convés.

Pracinhas agora lutam contra a monotonia da longa viagem.

A vontade de chegar logo em casa pareceu fazer a viagem se prolongar.

Na entrada da baía de Guanabara, com o Pão de Açúcar ao fundo, barcos acompanham e festejam o retorno ao Brasil de mais uma leva de pracinhas.

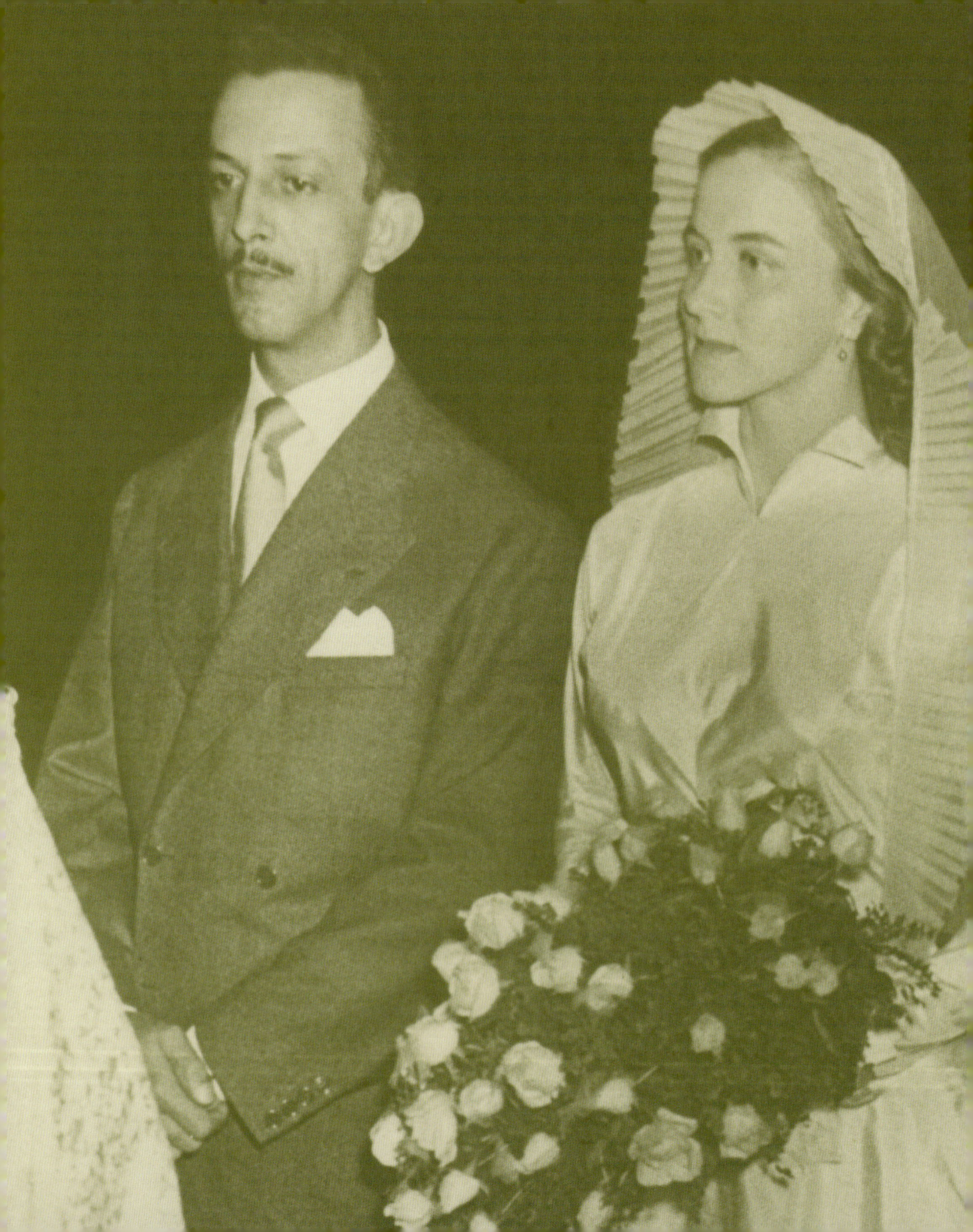

VIDA QUE SEGUE

DEPOIS DO RETORNO, do reencontro com os parentes e amigos, e com os lugares e paisagens do Rio de que sentiu tanta falta lá longe no frio do inverno, João começou a retomar sua vida. Ficou muito surpreso ao saber que os governantes proibiram os ex-combatentes de se reunir e criar associações de veteranos, um receio de que poderiam influenciar os rumos da política nacional. Mas o pior ainda estava por vir.

A guerra aos poucos ficava recolhida num canto qualquer das memórias de João. Os sobrinhos e amigos mais chegados ainda passaram algum tempo pedindo para contar e recontar as coisas que vivenciou em campo de batalha. Aos mais novos, contava que a guerra não era como nos filmes, que era muito pior. Aos mais velhos, preferia relatar os passeios ao Vaticano, Roma, Florença e lamentar o roubo do objeto mais valioso que trouxera como lembrança da guerra: um belo exemplar de um livro centenário, encadernado em couro, contendo estudos do cientista francês Lavoisier, que achou nas ruínas de uma casa.

Enquanto esperava sua realocação no funcionalismo público, João e seu irmão Rui resolveram construir um pequeno veleiro de madeira no quintal da casa de seus pais na Tijuca. Os trabalhos tomaram alguns meses, até que finalmente o simpático barquinho ficou pronto. Aconteceu, porém, um pequeno revés: foi preciso derrubar o muro do quintal para conseguir levar o barco num reboque até o Iate Clube de Ramos. Resolvido o entrave, o veleiro passou nos testes e de lá sairiam para navegar pela região no entorno da baía de Guanabara. Depois de algum tempo, o veleiro seria doado para um grupo de Escoteiros do Mar.

Aos poucos, João foi avaliando as propostas de trabalho que apareciam. Passou um tempo no Instituto Nacional de Imigração e Colonização, que o levou a viajar pelo interior de vários estados do Brasil. Um dia, resolveu procurar Elisa em São Paulo. Depois de alguns telefonemas, marcaram um reencontro, quando João pôde agradecê-la pelas cartas e os telegramas. Aos poucos foram reatando o namoro que virou noivado, até que se casaram na igreja da Consolação. Inicialmente, moraram em São Paulo, onde nasceu o primeiro filho, João Henrique. Melhores oportunidades de trabalho levaram a família para o Rio de Janeiro, onde nasceram João Guilherme, Maria Elisa e João Alberto.

Nessa época, João se estabeleceu na Universidade Rural, em Seropédica, na zona Oeste, para trabalhar no Instituto de Biologia Animal, uma repartição do Ministério da Agricultura. O lugar era um paraíso para criar os filhos: uma casa ampla com um grande quintal, animais e plantas, onde havia escolas e um clube bem perto. Elisa trabalhou durante um período como professora primária numa dessas escolas.

Um dia, atendendo à curiosidade dos filhos, que souberam pelos tios e primos que o pai havia combatido na guerra, chamou as crianças e resolveu abrir a grande sacola com seus apetrechos militares que ficava escondida no fundo de um armário na garagem. O resultado foi que aqueles objetos que sobraram dos seus tempos de soldado acabaram nas mãos das crianças: capacete, cantil, marmita e mochila agora estavam misturados entre os brinquedos, servindo para as brincadeiras dos filhos. Melhor assim.

Ao contrário de muitos ex-combatentes que escreveram e publicaram livros sobre a experiência na guerra, as memórias do conflito serviram para João escrever um roteiro para um filme que infelizmente não conseguiu realizar. Longe ficaram suas memórias da guerra, mas uma coisa que não deixou de fazer foi ajudar muitos de seus amigos que ficaram em situação de total penúria e fragilidade alimentar. Isso porque, passadas algumas décadas desde o fim da guerra, os ex-combatentes brasileiros foram esquecidos pelos governantes e pelo público em geral, abandonados à própria sorte. Muitos sucumbiram ao alcoolismo, não tiveram apoio para tratar as sequelas psicológicas; ganhariam até a má fama de "neuróticos de guerra". Foi uma triste sina para aqueles que mereciam o apreço e o respeito de toda a população. Esse desapontamento pareceu o motivo pelo qual João não se interessou em frequentar associações de veteranos ou pleitear pensões especiais. Apenas nos idos de 1977 passou a contribuir para a Casa da FEB, no Rio de Janeiro, onde aparecia esporadicamente.

Na época das celebrações dos cinquenta anos do fim da guerra, em 1995, João participou de um encontro no Regimento Sampaio, acompanhado de seu filho mais novo. Na ocasião, muitos companheiros se reencontraram depois de décadas desde a volta da Itália. João pôde rever até seu velho amigo e comandante da 9ª Companhia, capitão Paulo. Nesse evento, surpreendeu-se com a quantidade de ex-combatentes que ainda participavam ativamente de cerimônias em memória da FEB.

Ao chegar aos seus oitenta anos, João revelou algumas de suas lembranças mais fortes da guerra, em eventuais conversas com seus filhos. Contou de uma perfuração de tímpano que sofreu pelo sopro de uma explosão próxima, de quando sua patrulha pernoitou em uma casa semidestruída e, na manhã seguinte, descobriu vários corpos de *partigiani* do lado de fora, e da lembrança mais forte que trouxe da guerra: o cheiro da morte proveniente dos corpos escondidos entre os escombros nos lugares por onde passara.

No dia 11 de abril de 2000, João finalmente descansou em consequência de complicações de uma cirurgia de prótese de fêmur. Na ocasião de seu sepultamento, alguns amigos da FEB estiveram presentes e prestaram suas homenagens. Terminava ali a jornada de um brasileiro que fora desviada pela guerra – para onde foi, combateu e de onde voltou –, mas que conseguiu recomeçar sua vida. Casou-se, teve filhos e netos. Quem o conheceu sabe que ele preferia ser lembrado por uma bela canção de Frank Sinatra ou de Silvio Caldas e por um bom *scotch* com duas pedras de gelo. Mas, além disso, João deixou seu legado como um dos mais de 25 mil brasileiros que lutaram por uma causa justa, na esperança de que seus filhos e netos jamais tivessem que ir para uma guerra novamente. Que assim seja.

João e seu irmão Rui construíram um veleiro da classe Guanabara no quintal da casa de seus pais na Tijuca, em 1947. Tempos depois, doaram o barquinho para um grupo de Escoteiros do Mar.

Casamento de João e Elisa, na igreja da Consolação, São Paulo, 1950.

João (ao centro) e dois amigos, em 1951, quando trabalhou no setor de imigração no Ministério da Agricultura, no Sul do Brasil.

Filhos brincam de acampamento no quintal, na Universidade Rural, Rio de Janeiro, 1959.

Família reunida na Universidade Rural, 1964.

Baile no Clube Social, na Universidade Rural, 1966.

O ex-combatente João (esq.) no encontro de veteranos da FEB no Rio de Janeiro, quando os "leões do Sampaio" celebraram os cinquenta anos do fim da guerra, em maio de 1995.

O filho mais novo com os pais, Elisa e João, 1998.

Amizades forjadas no campo de batalha duram para sempre.

SOLDADO SILVA 91

A emoção do reencontro com o capitão Paulo (centro), que comandou a 9ª Companhia do Sampaio.

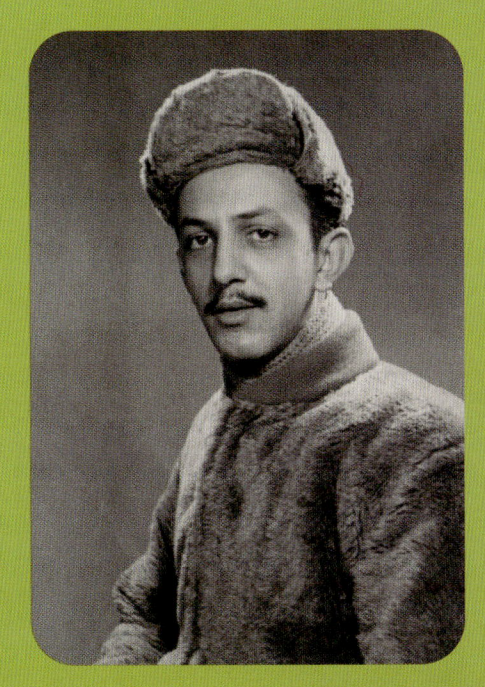

Em 2017, uma fotografia do soldado paranaense João de Lavor Reis e Silva foi incluída na Galeria dos Heróis, no Museu do Expedicionário de Curitiba.

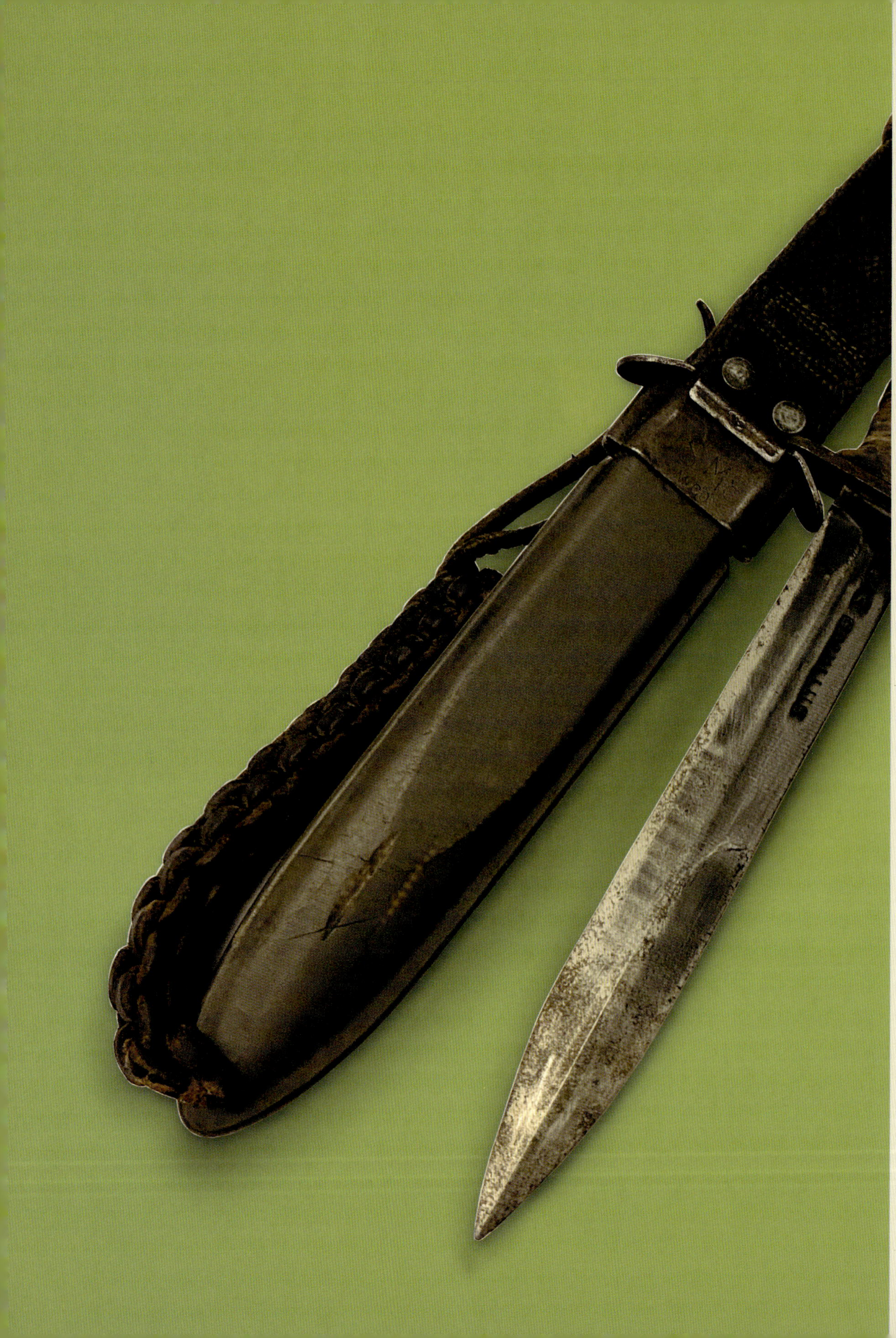

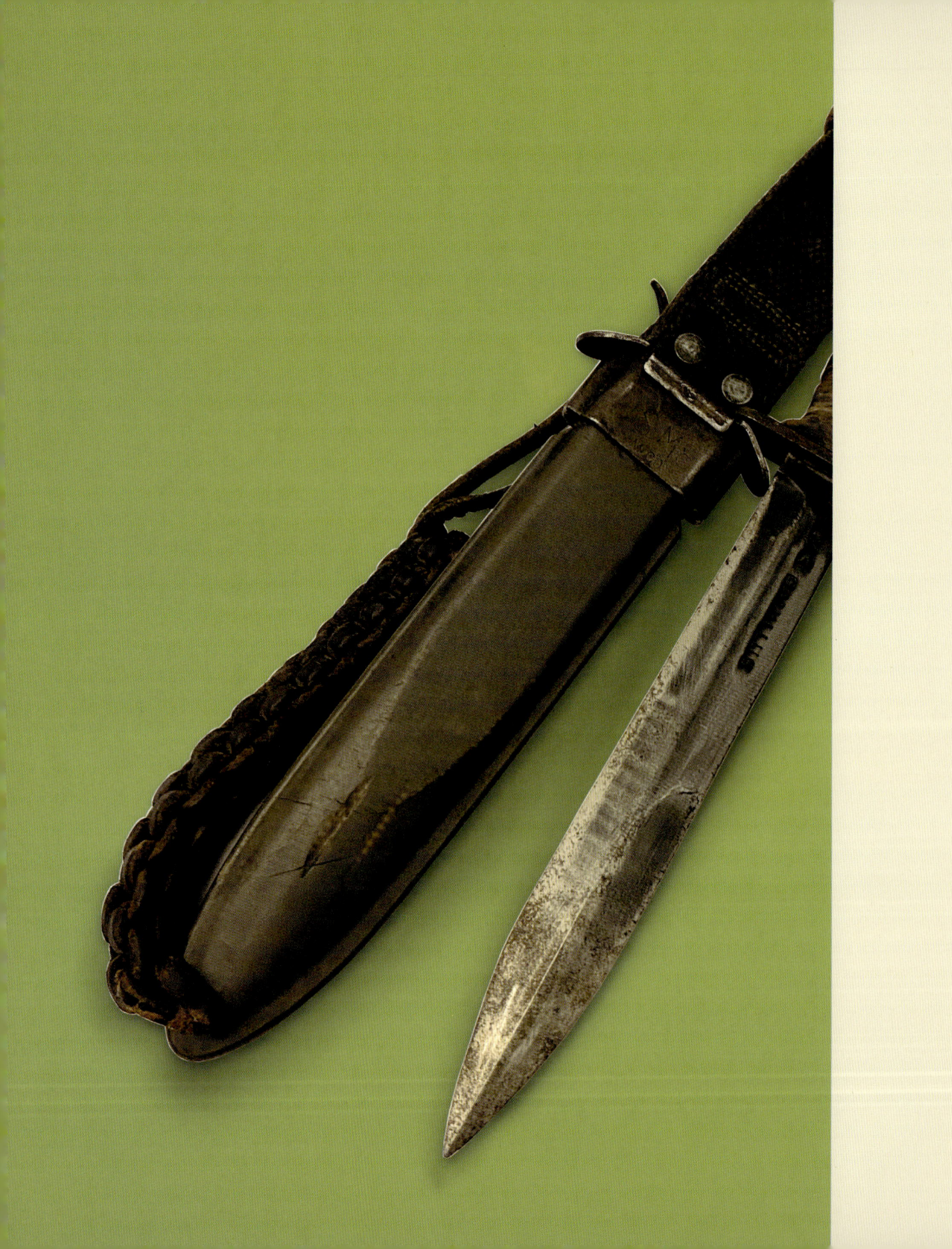

MEMORABILIA SENTIMENTAL
—

Os objetos do soldado Silva
que voltaram da guerra

As plaquetas de identidade em latão adotadas pela FEB eram do tipo *dog tags* (etiquetas de cachorro), no padrão norte-americano. Além do país e do nome, constavam na placa a região militar (1G era Rio de Janeiro), o número do militar em seis dígitos, o ano da vacina antitetânica (T44), o tipo sanguíneo (B) e o posto (PRA era praça). Seu uso era obrigatório, pois permitia identificar rapidamente um soldado ferido. Em caso de morte, o Pelotão de Sepultamento recolhia uma das placas para registro e deixava a outra junto ao corpo.

O escudo oficial que identificava o soldado brasileiro era conhecido como "coração". Foi usado inicialmente para ser fixado no ombro esquerdo do uniforme e depois foi substituído pela "cobra fumando". Seu desenho demasiado simples visava a fácil confecção, mas acabou representando uma certa falta de recursos e má qualidade do equipamento.

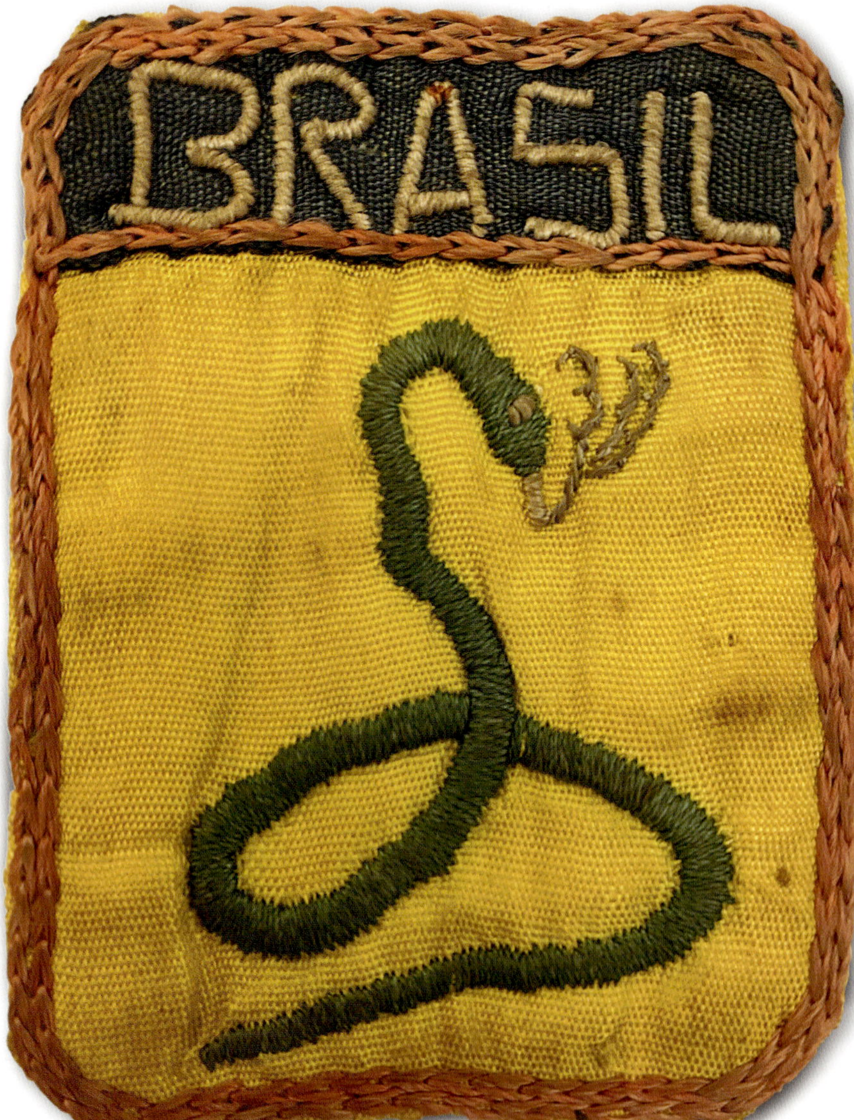
BRASIL

A lendária "cobra fumando" virou o símbolo oficial da Força Expedicionária Brasileira e era utilizada no ombro esquerdo da jaqueta. A expressão "a cobra vai fumar" ironizava o esforço brasileiro de preparação para a guerra. Acreditava-se que o Brasil ir à guerra era "tão improvável quanto uma cobra fumar". Havia lendas sobre a origem da expressão, mas versões documentais atestam que ela foi cunhada como linguagem de caserna no Quartel Pedro II, por ocasião da chegada dos primeiros convocados para a FEB na capital paulista. Os novatos e suas malas pareciam os mascates da Praça da Sé, onde, segundo se conta, um vendedor muito conhecido carregava uma jiboia com um cigarro na boca para chamar a atenção dos transeuntes, que lhe perguntavam: "A cobra vai fumar?". Sabendo disso, oficiais e soldados em serviço no Quartel Pedro II abordavam de forma jocosa e intimidadora os recém-chegados: "Cadê a cobra? Quando a cobra vai fumar?". Era uma espécie de trote. Pouco depois, a frase ganhou outro significado: de movimento e ação intensa, isto é, onde houver fumaça e tiros é porque a "cobra está fumando". Na chegada à Itália, o alto-comando da FEB encomendou um símbolo mais vistoso, semelhante aos usados nos uniformes pelos exércitos de outros países. Coube ao tenente-coronel Senna Campos padronizar o desenho que virou escudo da tropa brasileira, em outubro de 1944. Como não foi possível produzir insígnias para distribuir a todos os soldados, os pracinhas encomendavam o símbolo a costureiras italianas ou faziam eles próprios. Daí a grande diversidade de modelos que costumamos ver.

A Medalha de Campanha da FEB foi entregue a todos os soldados que participaram das operações de guerra. Traz a inscrição "16 - VII - 1944", que foi a data de desembarque dos primeiros 5 mil soldados brasileiros em Nápoles. Além da medalha, eles receberam uma barreta, uma roseta e um diploma.

A insígnia do V Exército Americano (à esquerda) foi criada em 1943, logo depois do desembarque da unidade no Marrocos, norte da África (1942). Daí o desenho de uma mesquita. A FEB foi incorporada a essa unidade na Itália em 25 de agosto de 1944. Ela tinha tanto valor que pracinhas chegaram a encomendá-la a bordadeiras italianas ou a faziam artesanalmente. Já a 10ª Divisão de Montanha Americana (*patch* à direita) foi uma unidade especial de combate em regiões montanhosas. A divisa era composta de um barril de pólvora azul e duas baionetas (símbolo da infantaria) cruzadas, formando o 10 em algarismo romano. Entrou em combate em dezembro de 1944 ao lado da FEB e segue ativa até hoje como uma lendária unidade de elite do Exército Norte-Americano.

Anel vendido como souvenir mostra o temido vulcão Vesúvio destacado na paisagem típica de Nápoles (a inscrição está em inglês). No dia 18 de março de 1944, uma violenta erupção de cinco dias do lendário vulcão matou 26 pessoas e deixou 12 mil desabrigados. Causou enormes transtornos ao avanço dos Aliados na Itália.

A "Canção do Expedicionário", com letra de Guilherme de Almeida e música de Spartaco Rossi, de 1944, faz uma menção ao cantil: "A ração do meu bornal/ A água do meu cantil/ As asas do meu ideal". O cantil de alumínio forrado de tecido, com tampa de borracha e capacidade para um litro, é de fabricação nacional.

O acordo da FEB com o Exército Americano previa que os uniformes seriam de responsabilidade do Brasil, a exemplo da alimentação e do equipamento individual. Esse cinto de lona com fivela em latão foi fabricado no Brasil como parte do equipamento básico da FEB. Trata-se de uma cópia do modelo usado pelos Estados Unidos.

As facas de trincheira M3 foram fabricadas nos Estados Unidos entre março de 1943 e agosto de 1944, num total de 2.590.247 unidades. Eram usadas como ferramentas de sobrevivência e raramente eram empregadas em combates próximos. A lâmina é de aço carbono.

Cinto utilitário em lona com ilhoses e um porta-magazine. Era parte do equipamento de combate e nele podiam ser enganchados cartucheiras, cantis, lanternas, bússolas, pochetes de primeiros socorros (materiais para limpeza de ferimentos e estancamento de hemorragias) e outros pequenos itens.

As polainas (ou perneiras) eram usadas como suporte nos calcanhares para diminuir o cansaço das longas horas em pé ou marchando. Impediam também a entrada de pedras, areia, neve ou água dentro das botas. Eram muito trabalhosas de vestir e, por isso, foram logo substituídas por uma bota de couro com uma caneleira ajustada com duas fivelas.

O bibico ou casquete da FEB era de lã grossa, a mesma usada nas jaquetas e nas calças dos uniformes brasileiros. Por causa do contato com o sol e o desbotamento causado pelas lavagens, o verde-oliva original ganhava um tom cinza-esverdeado, bastante similar ao dos uniformes do Exército Alemão.

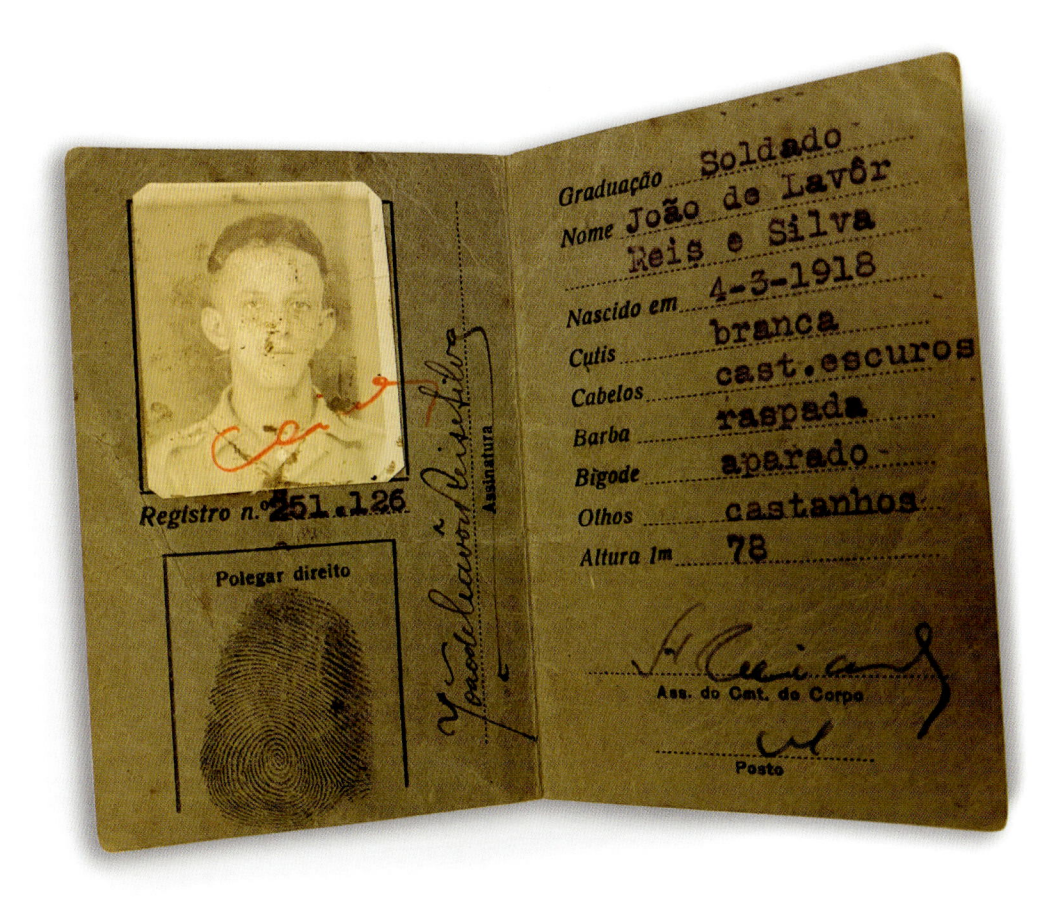

A carteira de soldado trazia foto, impressão digital e assinatura. Mas o curioso ficava por conta de algumas informações entre os dados pessoais. Além da altura, a cor dos olhos e a cor da cútis (pele), o documento deveria informar se o soldado tinha barba e bigode. João tinha "bigode aparado", embora não aparecesse assim na foto.

Este livreto, editado em português e distribuído aos soldados brasileiros nos meses finais da guerra, continha fotos e relatos estarrecedores do que veio a ser conhecido como o Holocausto, um dos maiores crimes perpetrados contra a humanidade. Foi assim que os pracinhas tiveram mais informação para entender pelo que lutavam.

Esta pequena flâmula conhecida como "bandeira de serviço" era entregue pelos setores de propaganda da FEB à família dos integrantes das forças brasileiras em ação durante a guerra. Também ficou conhecida como "bandeira da mãe", pois as famílias a exibiam na porta de suas casas indicando que dali saiu um filho combatente.

O capacete M1 (ou Helmet Steel M1) norte-americano foi projetado pelo major Harold G. Syderham em 1940 para substituir o antigo M1917, modelo da Primeira Guerra. Foi adotado oficialmente pelo Exército dos Estados Unidos em 1941. Entre 1941 e 1943, foram produzidos 22 milhões de capacetes.

O modelo M1 só foi entregue aos brasileiros na chegada à Itália. O capacete era composto de duas peças: um casco externo de aço sobreposto por outro interno, feito de fibra sintética, com uma suspensão em tiras de lona e couro (carneiro) para que fosse ajustado ao tamanho da cabeça do usuário.

O capacete de fibra, mais leve, podia ser usado sem a couraça de aço nas áreas seguras da retaguarda ou ainda, de improviso, para funções inusitadas, como bacia, balde, panela e – em certas ocasiões, vá lá – até como penico.

Na primeira fase de produção, as fivelas para a jugular (nome da tira de lona que se fecha sob o queixo do usuário) do capacete de aço eram soldadas uma em cada lado do casco. A jugular do capacete de fibra era mais fina, de couro, presa por dois grampos de pressão.

SOLDADO SILVA 115

O capacete de aço não era à prova de balas, mas resguardava a cabeça de estilhaços e muitas vezes foi capaz de desviar projéteis. Um aro de inox envolvia as bordas do capacete de aço, fechando-se na aba dianteira. De 1942 em diante, as fivelas de aço mudaram para modelos móveis e o aro de inox se fechava na parte traseira do casco.

Os soldados usavam as jugulares presas sobre as abas do capacete de aço (sem afivelar sob o queixo) por receio de sofrerem um ferimento no pescoço em razão de um forte deslocamento de ar causado por uma explosão próxima. Mas o projeto original previa que a jugular se romperia em caso de uma concussão violenta. Mesmo assim, ninguém queria arriscar.

O fuzil Springfield 1903 foi a arma-padrão do soldado brasileiro em combate na Itália. Por sua robustez e confiabilidade, ela foi usada pelo Exército dos Estados Unidos nas duas grandes guerras. Continuou em serviço até a década de 1950. Na volta, os armamentos permaneceram sob o controle do Exército Brasileiro. Ninguém foi autorizado a levar as armas para casa.

SOLDADO SILVA ✳ 119

Os soldados da FEB eram muito bem alimentados, reforçando o velho preceito de que "os soldados marcham com o estômago". Parte do equipamento pessoal dos pracinhas era fabricada no Brasil, como indica a gravação da marca EUB (Estados Unidos do Brasil). Existem relatos de que os soldados brasileiros dividiam a comida com civis italianos.

Mesmo durante uma guerra, acredite, havia vendedores de souvenirs. Essa medalha foi cunhada por uma empresa italiana para ser vendida aos expedicionários brasileiros que já se preparavam para voltar para casa. Na frente, a identificação da Força Expedicionária Brasileira na Itália. No verso, a inscrição "Pela liberdade do mundo – 1944-1945".

As imagens a seguir estavam entre os negativos das fotos de João na Itália. Provavelmente foram compartilhadas com seus amigos de armas, que hoje figuram como ilustres soldados desconhecidos. Quantas histórias existirão por trás de cada um destes rostos?

SOLDADO SILVA 123

POR TRÁS DAS FOTOS

AS FOTOGRAFIAS QUE meu pai fez na Itália assim que a Segunda Guerra Mundial acabou estavam guardadas num álbum muito bonito que tínhamos em casa. Era parte de nosso acervo sentimental. Certo dia a casa foi assaltada, e o álbum desapareceu. Para nossa sorte, os negativos ficavam em outro lugar. O problema é que eles sofreram com a ação do tempo – estavam mal-acondicionados, bem avariados e, em alguns casos, até grudados. O amigo Maurício Valadares, que fez as primeiras fotos do Paralamas em 1982, me indicou o fotógrafo carioca Humberto Cesar Menescal Sampaio, um mestre na restauração de fotos. Começou aí um trabalho de fôlego e paciência para recuperar aqueles negativos. Para se ter uma ideia, só a imagem dos pracinhas chegando à baía de Guanabara exigiu doze horas de trabalho do Humberto.

Humberto e eu durante a sessão de restauração das fotos.

Antes   Depois

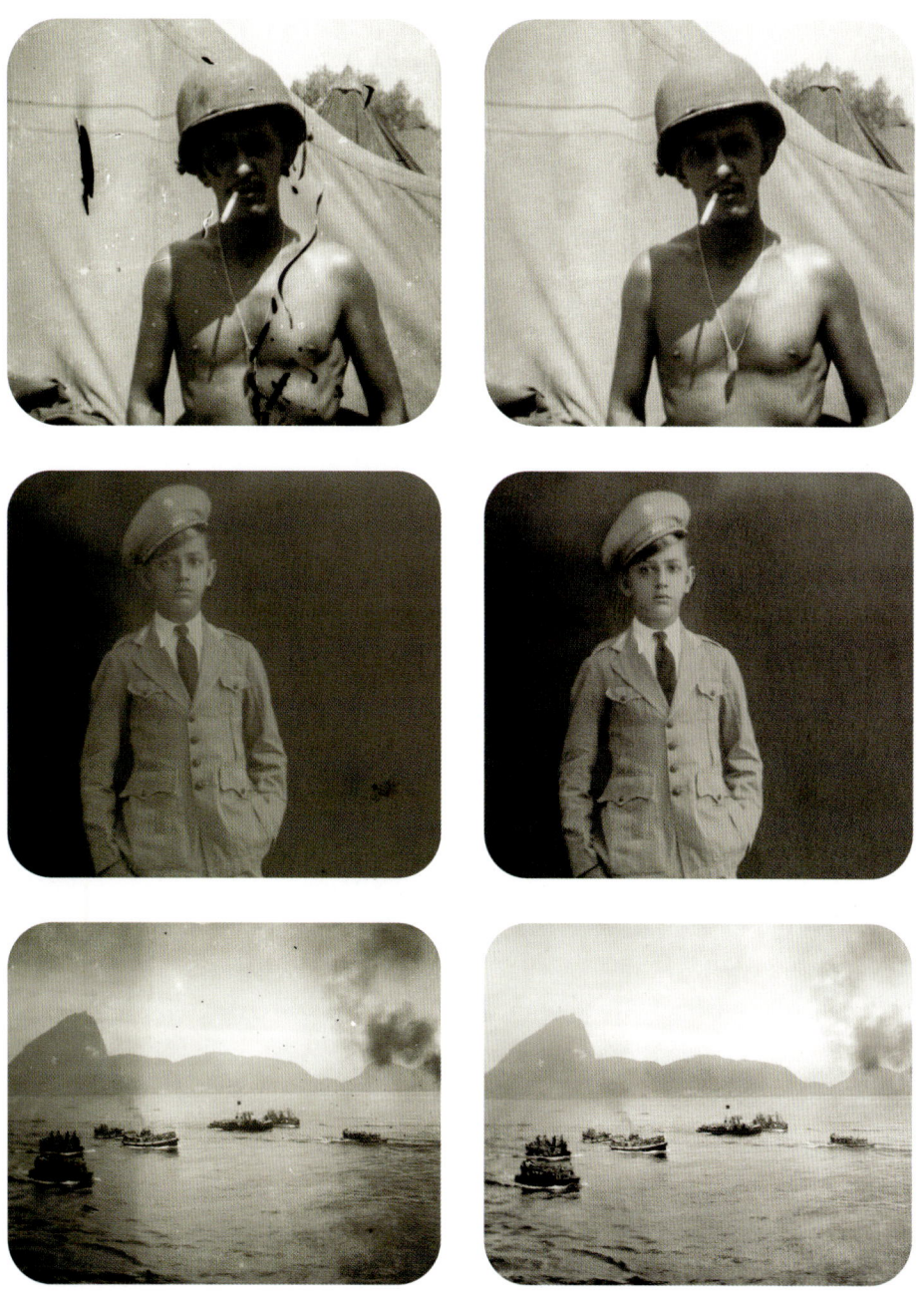

SOLDADO SILVA   125

Para complementar esse material, tive a ideia de fotografar os objetos confiados a mim que foram usados por meu pai na campanha da Itália. Quem fez esse trabalho foi a Ana Carolina Fernandes. Levei todas as peças até a casa dela (descobri que éramos vizinhos) e a sinergia se mostrou incrível. Foram dois dias para fotografar as trinta peças. Faltava então o retrato para a capa do livro. Lembrei da artista mineira Marina Amaral, uma das referências mundiais no processo de colorização de fotos históricas. Conheci o trabalho meticuloso de Marina pelas redes sociais. Fiz contato com ela e escolhemos uma foto posada de meu pai, que os pracinhas da FEB tiravam num estúdio da Itália para enviar aos parentes.

AGRADECIMENTOS

ESTE LIVRO NÃO seria editado sem o apoio precioso destes amigos: Marcelo Duarte e Tatiana Fulas (Panda Books), Rostand Medeiros (blog Tok de História), coronel Rodrigo Tramontini Fernandes (ex-comandante do Regimento Sampaio), Aramis Borges e coronel Said Zendim (Legião Paranaense do Expedicionário, Curitiba), Breno Amorim (Casa da FEB, RJ), Paulo Ewerard, Maurício Valladares, Eloy Biesuz (Helisul), capitão Souza, doutor Henrique Bessa (ex-combatentes da FEB), Marcos Renault, Alexandre Gil, Djenane de Almeida, Giovanni Sulla, Gustavo Buffe, ao Sílvio Felix pela doação dos livros raros, aos Paralamas do Sucesso, aos companheiros de jornada do 6o Escalão/Grupo Histórico FEB ("Eternos Heróis!"), aos muitos amigos divulgadores de canais e mídias sociais sobre a FEB e aos estimados parentes e amigos de veteranos que mantêm viva a memória da FEB.

REFERÊNCIAS BIBLIOGRÁFICAS

BRAGA, Rubem. *Com a FEB na Itália*. Rio de Janeiro: Zélio Valverde Editora, 1945.

MORAES, Mascarenhas de. *A FEB pelo seu comandante*. São Paulo: Instituto Progresso Editorial, 1947.

PAES, Walter de Menezes. *Lenda azul*. Rio de Janeiro: BibliEx, 1991. 2 v.

SILVEIRA, Joel. *Histórias de pracinha*. Rio de Janeiro: Cia. Editora Leitura, 1945.